(BOAS) PRÁTICAS NA CRECHE
MIRADAS EMERGENTES SOBRE A CRIANÇA E A INFÂNCIA

Editora Appris Ltda.
1.ª Edição - Copyright© 2024 da autora
Direitos de Edição Reservados à Editora Appris Ltda.

Nenhuma parte desta obra poderá ser utilizada indevidamente, sem estar de acordo com a Lei nº 9.610/98. Se incorreções forem encontradas, serão de exclusiva responsabilidade de seus organizadores. Foi realizado o Depósito Legal na Fundação Biblioteca Nacional, de acordo com as Leis nos 10.994, de 14/12/2004, e 12.192, de 14/01/2010.

Catalogação na Fonte
Elaborado por: Dayanne Leal Souza
Bibliotecária CRB 9/2162

N244b
2024
	Nascimento, Beatriz da Silva Faleiro do
	   (Boas) práticas na creche: miradas emergentes sobre a criança e a infância /
	Beatriz da Silva Faleiro do Nascimento. – 1. ed. – Curitiba: Appris, 2024.
	   161 p. : il. ; 21 cm. – (Coleção Educação, Tecnologias e Transdisciplinaridades).
	
	   Inclui referências.
	   ISBN 978-65-250-7024-7
	
	   1. Infância. 2. Criança. 3. Creche. 4. Práticas docentes. I. Nascimento, Beatriz da
	Silva Faleiro do. II. Título. III. Série.
	
	                                                                    CDD – 372.216¬

Livro de acordo com a normalização técnica da ABNT

Appris _editora_

Editora e Livraria Appris Ltda.
Av. Manoel Ribas, 2265 – Mercês
Curitiba/PR – CEP: 80810-002
Tel. (41) 3156 - 4731
www.editoraappris.com.br

Printed in Brazil
Impresso no Brasil

Beatriz da Silva Faleiro do Nascimento

(BOAS) PRÁTICAS NA CRECHE
MIRADAS EMERGENTES SOBRE A CRIANÇA E A INFÂNCIA

Appris
editora

Curitiba, PR
2024

FICHA TÉCNICA

EDITORIAL Augusto Coelho
Sara C. de Andrade Coelho

COMITÊ EDITORIAL Ana El Achkar (Universo/RJ)
Andréa Barbosa Gouveia (UFPR)
Antonio Evangelista de Souza Netto (PUC-SP)
Belinda Cunha (UFPB)
Délton Winter de Carvalho (FMP)
Edson da Silva (UFVJM)
Eliete Correia dos Santos (UEPB)
Erineu Foerste (Ufes)
Fabiano Santos (UERJ-IESP)
Francinete Fernandes de Sousa (UEPB)
Francisco Carlos Duarte (PUCPR)
Francisco de Assis (Fiam-Faam-SP-Brasil)
Gláucia Figueiredo (UNIPAMPA/ UDELAR)
Jacques de Lima Ferreira (UNOESC)
Jean Carlos Gonçalves (UFPR)
José Wálter Nunes (UnB)
Junia de Vilhena (PUC-RIO)

Lucas Mesquita (UNILA)
Márcia Gonçalves (Unitau)
Maria Aparecida Barbosa (USP)
Maria Margarida de Andrade (Umack)
Marilda A. Behrens (PUCPR)
Marília Andrade Torales Campos (UFPR)
Marli Caetano
Patrícia L. Torres (PUCPR)
Paula Costa Mosca Macedo (UNIFESP)
Ramon Blanco (UNILA)
Roberta Ecleide Kelly (NEPE)
Roque Ismael da Costa Güllich (UFFS)
Sergio Gomes (UFRJ)
Tiago Gagliano Pinto Alberto (PUCPR)
Toni Reis (UP)
Valdomiro de Oliveira (UFPR)

SUPERVISORA EDITORIAL Renata C. Lopes

PRODUÇÃO EDITORIAL Sabrina Costa

REVISÃO J. Vanderlei

DIAGRAMAÇÃO Danielle Paulino

CAPA Danielle Paulino

REVISÃO DE PROVA Lavínia Albuquerque

COMITÊ CIENTÍFICO DA COLEÇÃO EDUCAÇÃO, TECNOLOGIAS E TRANSDISCIPLINARIDADE

DIREÇÃO CIENTÍFICA Dr.ª Marilda A. Behrens (PUCPR)

Dr.ª Patrícia L. Torres (PUCPR)

CONSULTORES Dr.ª Ademilde Silveira Sartori (Udesc)

Dr. Ángel H. Facundo
(Univ. Externado de Colômbia)

Dr.ª Ariana Maria de Almeida Matos Cosme
(Universidade do Porto/Portugal)

Dr. Artieres Estevão Romeiro
(Universidade Técnica Particular de Loja-Equador)

Dr. Bento Duarte da Silva
(Universidade do Minho/Portugal)

Dr. Claudio Rama (Univ. de la Empresa-Uruguai)

Dr.ª Cristiane de Oliveira Busato Smith
(Arizona State University /EUA)

Dr.ª Dulce Márcia Cruz (Ufsc)

Dr.ª Edméa Santos (Uerj)

Dr.ª Eliane Schlemmer (Unisinos)

Dr.ª Ercilia Maria Angeli Teixeira de Paula (UEM)

Dr.ª Evelise Maria Labatut Portilho (PUCPR)

Dr.ª Evelyn de Almeida Orlando (PUCPR)

Dr. Francisco Antonio Pereira Fialho (Ufsc)

Dr.ª Fabiane Oliveira (PUCPR)

Dr.ª Iara Cordeiro de Melo Franco (PUC Minas)

Dr. João Augusto Mattar Neto (PUC-SP)

Dr. José Manuel Moran Costas
(Universidade Anhembi Morumbi)

Dr.ª Lúcia Amante (Univ. Aberta-Portugal)

Dr.ª Lucia Maria Martins Giraffa (PUCRS)

Dr. Marco Antonio da Silva (Uerj)

Dr.ª Maria Altina da Silva Ramos
(Universidade do Minho-Portugal)

Dr.ª Maria Joana Mader Joaquim (HC-UFPR)

Dr. Reginaldo Rodrigues da Costa (PUCPR)

Dr. Ricardo Antunes de Sá (UFPR)

Dr.ª Romilda Teodora Ens (PUCPR)

Dr. Rui Trindade (Univ. do Porto-Portugal)

Dr.ª Sonia Ana Charchut Leszczynski (UTFPR)

Dr.ª Vani Moreira Kenski (USP)

AGRADECIMENTOS

A Deus, por ter concedido a oportunidade enriquecedora de trilhar esse caminho, por ter me enchido de coragem e determinação nos momentos que pensava que não conseguiria, por ter me sustentado em toda minha caminhada;

À minha mãe, Lidia e ao meu pai, Ezequiel (*in memorian*), que não olharam as dificuldades para me auxiliar e encorajar a prosseguir os estudos durante a pesquisa, que nos momentos que mais precisei estavam ao meu lado me apoiando e orando por mim;

Ao meu irmão, Elizeu, que com suas palavras de ânimo, orações e amizade me apoiaram, e também não mediu esforços para me apoiar no percurso da pesquisa que resultou neste livro;

Ao meu amado esposo e companheiro Fábio, por compartilhar momentos difíceis (choro e tristeza) e alegres, que em todo tempo esteve ao meu lado me encorajando e me apontando caminhos para desvelar a capacidade que existe em mim e me incentivar na publicação desta obra;

Às minhas queridas amigas, Andreia Fernandes e Telma Cezar que me apoiaram de forma significativa com suas orações, palavras de incentivo e no acolhimento durante o processo de escrita da pesquisa que desencadeou este livro.

Ao Programa de Pós-graduação em Educação da Universidade Metodista de São Paulo que me acolheu e abriu vias para novos conhecimentos teóricos e práticos da educação e que marcaram minha experiência acadêmica formativa.

À Secretaria Municipal de Educação do Rio de Janeiro e à 10ª Coordenadoria Municipal de Educação, representada pela Profª Maria das Graças Muller, que me concedeu a licença das minhas atividades docentes na rede do município do Rio de Janeiro na época do desenvolvimento da pesquisa.

Enfim, aos familiares e amigas(os), de perto ou de longe, que direta ou indiretamente contribuíram para a realização dessa obra.

É com gratidão e alegria que dedico esta obra aos maiores incentivadores da minha jornada acadêmica: meu esposo Fábio Fonseca e aos meus pais, Ezequiel Faleiro (in memoriam) e Lidia Faleiro, que com a esperança de me ver avançar em minha trajetória profissional, acreditaram em mim e sempre estiveram ao meu lado torcendo pela minha felicidade.

APRESENTAÇÃO

Esta obra nasce de um caminho de pesquisa não tão longo, mas repleto de desafios, sustos e alegrias como inspira a metáfora que perpassa toda a escrita deste livro. Investigar as (boas) práticas na creche emergiu no processo do Mestrado em Educação que realizei na Universidade Metodista de São Paulo entre os anos de 2015 e 2017. Até chegar a este tema alguns incômodos no campo da educação da criança pequena atravessaram minha narrativa de vida. Na introdução apresento algumas dessas experiências que me trouxeram até aqui. A experiência e as narrativas são apresentadas neste livro como aquilo que nos toca, nos acontece a partir de alguns autores que trabalham o conceito de experiência e narrativa.

Atuar com crianças pequenas é um processo de acontecimentos, marca não somente a vida das crianças, mas nossas vidas enquanto educadoras e educadores. E este material vem desse conceito de experiência. Não se pretende aqui apresentar um manual de boas práticas. De fato, este não é o foco desta obra; o que se pretende é levantar reflexões sobre conceitos de criança e infâncias que envolve nosso olhar para a educação das crianças a partir de autoras e autores que pesquisaram, pesquisam e estudam as infâncias, as crianças e sua prática no viés da complexidade.

Os estudos sobre complexidade chegaram para mim neste período do mestrado e me despertaram um outro olhar para o sentido e significado de complexidade na atuação com as crianças. O conceito de complexidade que foi desenvolvido na pesquisa e neste livro, não representa aquilo que é difícil ou complexo de ser realizado, mas a percepção de que as práticas com crianças são um tecido que se tece junto. Entrelaçadas entre o que aparentemente simboliza um caos e o que de fato seria o ideal. Esta reflexão é um caminho que é utilizado para se pensar as diferentes experiências que envolvem as práticas com crianças pequenas.

Refletir sobre estas experiências é uma proposição para se repensar nossas vivências e desafios cotidianos nas relações com as crianças. Abro espaço aqui para um breve relato que me inspirou na construção desta pesquisa e deste livro. Em minha narrativa de vida as crianças sempre estiveram presentes. Ainda muito jovem lembro de atuar com crianças no contexto da educação religiosa na comunidade de fé. Este espaço comunitário me formou e me proporcionou pensar sobre o que é a criança, a infância, sobre meu papel com elas e segui nesse caminho. Muito incentivada também pela minha família prossegui para os estudos com um olhar para a educação como um caminho transformador e libertador, a pesar talvez dos meus pais não terem a dimensão, naquele momento, do que significava todo aquele incentivo e no que resultaria todo esforço.

Sim, minha história é um reflexo de superação, venho de um contexto periférico, sou uma mulher negra que vivencia atravessamentos e preconceitos como muitas mulheres negras em nossa sociedade estruturalmente racista. Porém, hoje a leitura social, racial e de educação que experimento, leitura esta que no passado não tão distante ainda não tinha e fui descobrindo ao longo do processo formativo, me permitiram vislumbrar uma prática educativa com e para crianças pequenas que se propõe *emergentes* e ao mesmo tempo desafiadoras.

Não! Este ainda não é um livro sobre minha história ou sobre as questões raciais na infância, mas apresento este breve relato para convidar você leitora e leitor a se debruçar nas páginas que foram tecidas em um contexto acadêmico formador e transformador de experiências e narrativas, inspiradas a partir do meu lugar, do meu olhar de vida e de educação em diálogo com estudiosas(os), pesquisadoras(es) e professoras para as (boas) práticas na creche.

Espero que esta leitura te envolva e que as experiências e narrativas apresentadas nestas páginas te atravessem, *te toquem* e *te aconteçam* para novos olhares para as crianças, as infâncias e as práticas com elas!

Boa leitura!

A autora

PREFÁCIO

Neste livro, temos o privilégio de mergulhar na expertise de uma mestra em educação, cujo compromisso apaixonado com a infância e o papel das creches transcende o ordinário.

Em um mundo em constante transformação, onde as práticas educacionais são fundamentais no desenvolvimento infantil, mergulhamos nas profundezas da pesquisa assertiva e reveladora de Beatriz Nascimento. Em seu livro *(Boas) práticas na creche: Miradas emergentes sobre a criança e a infância*, somos conduzidos através de uma jornada intricada, onde os conceitos de (boas) práticas na creche são desvendados e reimaginados através de um prisma multifacetado.

A obra, que emerge da narrativa da pesquisadora sobre suas próprias experiências formativas e com crianças pequenas, bem como das histórias compartilhadas por professoras dedicadas e observações perspicazes em turmas da creche, lança luz sobre a complexidade subjacente aos conceitos de (boas) práticas. É a partir dessas narrativas e das cenas vívidas do cotidiano na creche que nos é revelado um entendimento mais profundo das concepções de infância que permeiam nosso tecido social.

A reflexão sobre o conceito de infância e as práticas pedagógicas presentes na creche mostraram a importância de considerar a criança como sujeito de direitos e de cuidados integrais. A abordagem do pensamento complexo de Morin permitiu a Beatriz a compreensão da interconexão de diversos aspectos presentes no trabalho com as crianças.

Com uma habilidade magistral, a autora traça um caminho onde os fundamentos pedagógicos se entrelaçam com as nuances delicadas do desenvolvimento infantil. Seu texto é composto de sabedoria e poética e cada palavra é um convite à reflexão, um convite para repensarmos nossas abordagens, nossas políticas e nossas interações com as crianças na primeira infância.

Fundamentada na metáfora do espelho e na abordagem metodológica da Pesquisa Narrativa, o texto nos instiga a refletir, a partir de uma poderosa trama narrativa, sobre as interseções entre as práticas pedagógicas, as teorias da infância e a percepção individual dos educadores; a partir da voz reflexiva da autora. Ao examinar as diferentes perspectivas e concepções que moldam as (boas) práticas na creche, somos desafiados a reavaliar nossas próprias crenças e abordagens educacionais.

Ao longo desta jornada intelectual, somos guiados pelas vozes respeitadas de autores como Sarmento, Larrosa e Moss, cujas obras fornecem uma base sólida para a análise crítica e a reflexão profunda propostas por Beatriz. Além disso, a influência do pensamento complexo de Morin permeia cada página, convidando-nos a abraçar a ambiguidade e a incerteza inerentes à prática educacional.

É importante destacar que a proposta de mirar nas (boas) práticas na creche a partir do Paradigma Emergente destaca a necessidade de considerar a voz e os desejos das crianças, bem como a importância de práticas que promovam o desenvolvimento integral e o bem-estar dos pequenos. Os resultados da pesquisa apontam para a complexidade e diversidade de conceitos e práticas relacionadas ao trabalho na creche. As narrativas das professoras e a observação da turma de creche revelaram diferentes perspectivas e abordagens no cuidado e na educação das crianças pequenas.

A autora conclui ser de fundamental importância repensar e ampliar o conceito de (boas) práticas na creche, considerando a complexidade e a diversidade de perspectivas presentes nesse contexto. O olhar para a criança e a infância como seres integrais e dignos de cuidado e respeito merece ser o centro das práticas pedagógicas na creche.

Desta forma, este livro é mais do que um guia; é uma obra de grande importância para os educadores e pesquisadores da primeira infância. Que esta obra inspire e capacite, e que suas lições ecoem através das paredes das creches, nutrindo mentes jovens e alimentando esperanças para um amanhã mais brilhante.

Finalizo com grande entusiasmo, convidando você, leitor, a se juntar a nós nesta jornada de descoberta e reflexão. Que este livro seja um catalisador para mudanças positivas em nossas práticas educacionais e um testemunho do poder transformador da educação na primeira infância.

Profa. Dra. Adriana Barroso
Universidade Metodista de São Paulo

LISTA DE ABREVIATURAS E SIGLAS

Anvisa Agência Nacional de Vigilância Sanitária
DNCEI Diretrizes Curriculares Nacionais para a Educação Infantil
FCC Fundação Carlos Chagas
LDBN Lei de Diretrizes e Bases da Educação Nacional
Parfor Plano Nacional de Formação de Professores
PNPPI Plano Nacional Pela Primeira Infância
UFF Universidade Federal Fluminense
UFRJ Universidade Federal do Rio de Janeiro
Umesp Universidade Metodista de São Paulo

SUMÁRIO

UM CONVITE ÀS MIRADAS............21

FRONTEIRAS DA EXPERIÊNCIA............27
O primeiro olhar para o espelho... Eu-professora............27
O outro olhar para o espelho... Eu-estudante/ eu-pesquisadora............33
A tríade: eu-professora/eu-estudante/eu-pesquisadora............36

1
REFLEXOS DO ESPELHO (1): OS RELATOS E A INFÂNCIA............43
1.1 Miradas metodológicas: a pesquisa narrativa............43
1.2 miradas conceituais: criança e infância............48

2
REFLEXOS DO ESPELHO (2): AS NARRATIVAS E O CONCEITO
DE (BOAS) PRÁTICAS............73
2.1 mirar as narrativas e a formação dos docentes da creche............73
2.2 Mirar as (boas) práticas e a qualidade na creche............83

3
REFLEXOS DO ESPELHO (3): A COMPLEXIDADE
NAS PRÁTICAS DA CRECHE............105
3.1 Miradas epistemológicas: o pensamento complexo............105
3.2 Miradas – cenas de uma experiência: estando na história............109
3.3 Outras miradas da história............117

UM CONVITE A NOVOS PARADIGMAS: O ESPELHO DAS
(BOAS) PRÁTICAS............125

PÓSFÁCIO............141
Para refletir! (ante o espelho)............141

REFERÊNCIAS............143

ANEXO 1 – TRECHOS DO PROJETO POLÍTICO
PEDAGÓGICO DA CRECHE PESQUISADA...151

ANEXO 2 – PLANEJAMENTO SEMANAL DA TURMA
OBSERVADA 155

CONTEÚDO BÔNUS

PARA ALÉM DO ESPELHO! UMA BREVE REFLEXÃO SOBRE AS
(BOAS) PRÁTICAS...157

Espelho
Revela a verdade,
Assusta e alegra.
O espelho é sempre sincero,
Esta é a regra.
(Elaine Cezar)

UM CONVITE ÀS MIRADAS...

Iniciar este livro com a metáfora do espelho foi uma escolha que emergiu a partir do contato com a leitura do livro *Poemas e diversão: um olhar para a vida* (CEZAR, 2015). A obra é fruto das experiências da autora com a Biologia, mais especificamente com a natureza em interface com a visão das crianças sobre o meio ambiente. Dentre os vários poemas compostos pela autora, o poema do espelho sugeriu a reflexão da minha prática discente, docente e de pesquisadora.

No poema, a autora destaca um movimento metafórico, não linear, do espelho. Este é percebido por ela como um instrumento que transmite emoções distintas (*assusta e alegra*), mas que se integram compondo um todo que reflete a "sinceridade" e que a cada mirada pode visualizar novamente o susto e a alegria. Ao analisar tal movimento inacabado do espelho, percebi uma relação com as minhas experiências de formação.

Com o início do processo de escrita da pesquisa que resultou neste livro, tive a percepção de olhar para esse espelho e de visualizar sustos e alegrias de um todo inacabado. Percebi, assim, a necessidade de me observar com um viés mais profundo de reflexão, iniciando esta obra com relatos de alguns momentos que produziram sentido na minha trajetória formativa no campo da educação infantil, seja na pesquisa (como observadora), na atuação como professora de crianças pequenas e na condição de estudante do curso de pedagogia.

Como forma de ser suporte para as minhas miradas, a metáfora do espelho permitiu visualizar as reflexões de Morin (2015a) sobre o Pensamento Complexo. Nessa perspectiva e com o objetivo precípuo de perceber as tramas na minha trajetória formativa, optei por me colocar como sujeito nesta obra, ocupando o lugar do *eu*.

O *eu* é compreendido nesta narrativa como sujeito, como um ser complexo que carrega consigo um aparato de encontros e desencontros, ordem e desordem. Um paradigma complexo que, na concepção de Morin (2015a) "[...] busca a complexidade lá onde ela parece em geral ausente" (p. 57). A partir dessa subjetividade, decidi por iniciar este estudo com uma narrativa que perpassa minhas experiências. Uma revisitação de muitas histórias e vivências que, aparentemente, se configuravam como simples histórias de alguém que buscava uma educação infantil de qualidade.

Entretanto, ao refletir sobre essas histórias, compreendi que experiência não constitui uma palavra, um termo redutor – não eram **simples** histórias. Em essência, experiência representa acontecimentos que, amalgamados com o eu, pode significar o que nos toca, o que nos acontece (BONDÍA, 2002). O referido autor me fez enxergar nesse espelho que o *eu-sujeito* é um sujeito da experiência, aquele que está para além da informação, do excesso de tempo e do excesso de trabalho. Esse olhar do sujeito da experiência permitiu-me expor "com tudo o que isso tem de vulnerabilidade e de risco" (BONDÍA, 2002, p. 25). Experiências essas que me formaram, transformaram e têm me tocado ao longo do tempo.

Olhar nesse espelho, assim, remete a sustos e alegrias, uma regra desregrada de experiências que, atreladas ao *sujeito-eu*, constitui uma "abertura para o desconhecido, para o que não se pode antecipar nem 'pré-ver' nem 'pré-dizer'" (BONDÍA, 2002, p. 28). Portanto, ao tratar do termo *experiência*, destaco-o na perspectiva de Bondía (2002). Nas inspirações do conceito de experiência desse autor, é possível refletir as (boas) práticas na creche e problematizar a concepção do adulto nesse viés.

Com tal sentido, na tentativa de identificar o problema e a hipótese da pesquisa resultante deste livro, é possível iniciar um processo de (des)construção[1] dos conceitos que me formaram sobre o que seria uma prática *boa* e o que seria uma prática *ruim* com as crianças pequenas. Seria necessário nutrir um distanciamento do "universo binário" (bom/ruim) sugerido por Maggie MacLure e Erica Burman (2015). Essa concepção binária acompanhou-me por um

---

[1] O termo (des)construção é inserido neste contexto inspirado nas reflexões de MACLURE e BURMAN (2015) ao sugerirem que tal termo se baseia em uma construção, ou seja, desconstruímos o que já está construído.

longo período do processo de investigação. Não poderia desvincular uma palavra da outra, mas visualizá-la com outra perspectiva e, com as reflexões de MacLure e Burman (2015), percebi possibilidades que me fizeram chegar à pergunta que permeia este estudo: **o que seriam (boas) práticas no trabalho com as crianças pequenas, de modo particular, crianças de zero a três anos de idade?**

No processo de (des)construção, a primeira possibilidade que emergiu foi me olhar em um espelho metafórico e visualizar minha trajetória formativa, principalmente as experiências como docente da educação infantil, além de perceber a influência da minha formação como pedagoga em tais práticas. Nesse contexto, iniciei a escrita de meu texto-memorial, pontuando a hipótese para a problemática anteriormente destacada de que há uma *complexidade* – pela perspectiva de Morin (2015) – na conceituação sobre o que são as (boas) práticas e que as diferentes visões de (boas) práticas relacionam-se com as concepções de infância que cada sujeito possui.

Portanto, o corpo estrutural da pesquisa inicia-se com as *Fronteiras da minha experiência*. Nesse momento, apresento uma reflexão em primeira pessoa como possibilidade de me colocar como sujeito que está entrelaçado com a temática pesquisada. São partes que compõem o todo e o todo que está imerso nas partes. Assim, o sujeito e o objeto foram tecidos juntos, em um processo de construção e de (des)construção no qual destaco a relevância em problematizar as (boas) práticas na creche. Esse olhar do *eu* em interface com o objeto de pesquisa foi inspirado nas leituras sobre complexidade de Morin (2015).

A sugestiva reflexão da *complexidade* a partir de Morin (2015a) é apresentada no primeiro momento, com minhas experiências e mais aprofundada ao longo da apresentação dos relatos da pesquisa de campo realizada no período do mestrado. As experiências e relatos das entrevistas perpassam todo o estudo, em todos os capítulos. A escolha em refletir sobre as (boas) práticas com base nesta pesquisa de campo ocorreu a partir da compreensão da relevância dos relatos para o tema proposto. As falas e as experiências vivenciadas pelas professoras entrevistadas e observadas me impulsionaram para uma análise sobre o conceito de infância destacado por Pinto e Sarmento (1997), que discute e busca dar visibilidade às crianças pequenas na perspectiva da Sociologia da Infância.

A reflexão sobre as concepções de infância surge, assim, nos horizontes da (des)construção, como uma tentativa de compreensão sobre o viés de entendimento do que é ser criança e da reflexão sobre qual conceito de infância poderia justificar as práticas que vivencio com elas. Nesse sentido, faço esse caminho reflexivo na busca em compreender as diferentes concepções de (boas) práticas e as *fronteiras* existentes em tais perspectivas. Entretanto, por que *fronteiras*?

A palavra *fronteira* surge das possíveis tensões que perpassam as práticas em creches e que, na pesquisa, recebeu a conotação de um espaço/vazio entre o que os sujeitos, que atuam com as crianças pequenas, pensam e o que apresentam, em termos de qualidade, os documentos e as práticas que, no dia-a-dia, vigoram nas creches públicas.

O termo "boas" é destacado entre parênteses com o objetivo de colocar este tema como um questionamento nas ações com as crianças pequenas, que pode abrir possíveis caminhos na discussão sobre o que seriam boas práticas na creche e não com a pretensão de tornar este livro um manual de boas práticas. Em consonância com o questionamento do que é *bom* na educação das crianças pequenas, apresento junto aos relatos os apontamentos de Oliveira (2002) sobre o educar e cuidar na educação infantil.

Assim, na busca dessas impressões, fui a campo e selecionei sujeitos que atuam com crianças pequenas e que estudam sobre elas para pesquisar sobre suas concepções de infância e de (boas) práticas na educação infantil com o intuito de investigar os diferentes olhares dessa temática.

Foram entrevistadas cinco professoras com diferentes perfis de atuação. Nesse sentido, os sujeitos com características de atuação diversificada na creche – algumas que atuam na creche e outras que já atuaram e nesse momento estão com turmas de educação infantil e ensino fundamental – compõem os olhares de quem está imerso nesse cotidiano e daquelas que já passaram por tal cenário e como identificam as (boas) práticas atualmente. No processo de ampliar o campo de visão do espelho, além das percepções dos sujeitos, realizei observações em uma turma de creche de uma escola municipal de educação básica de São Bernardo do Campo, no estado de São Paulo.

A proposta foi constituir a *re-ligação* das partes – diferentes concepções de (boas) práticas – em busca de percepções se as tensões nas fronteiras que emergiriam das entrevistas e nas observações se aproximariam das concepções de infância apontadas pelos sujeitos. Para esta análise, a inspiração teórica foi a abordagem da Pesquisa Narrativa. Na perspectiva de Clandinin e Connelly (2011), a Pesquisa Narrativa constitui uma forma de entender a experiência do outro e a nossa própria experiência. Desse modo, além dos meus relatos de experiência formativa, o estudo ganhou substância com os relatos dos sujeitos entrevistados e com minha inserção no campo de trabalho desses sujeitos, nos cenários da creche.

FRONTEIRAS DA EXPERIÊNCIA

O primeiro olhar para o espelho... Eu-professora

Eram quatro horas da manhã. Com olhos abertos e compenetrados na marcação das horas, desbravava-se para o inesperado. Um novo tempo que assustava; mas, apesar das incertezas, havia um sentimento entrelaçado de alegria. Estava escuro e, em poucas horas, o dia começava dar sinais dos *des-afios*[2] e dos *fios* condutores de uma extensa jornada. Um caminho para o desconhecido com planos, desejos e interesses em uma educação para a infância que buscasse revelar a inocência e a singularidade do ser criança.

Entretanto, para além daquele sentimento de vocação, existia um ser humano.

> O pensamento complexo integra o mais possível os modos simplificadores de pensar, mas recusa as consequências mutiladoras, redutoras, unidimensionais e finalmente ofuscantes de uma simplificação que se considera reflexo do que há de real na realidade (MORIN, 2015b, p. 6).

O que representava a realidade naquele momento? Como enxergar essa complexidade? O ônibus estava lotado. Pessoas cruzando o mesmo caminho com finalidades e pontos de chegada diversos. Muitas pessoas! Avenida Brasil[3] engarrafada, horas em pé e aquele misto de esperança e de pensamentos como: o que estou pretendendo com tudo isso? Será que chegarei à minha parada em algum momento desse longo trajeto? De fato, um percurso longo. O

---

[2] A metáfora é mencionada neste contexto a partir da compreensão de que, naquele momento, existia uma sensação de ser conduzida (fios condutores), mas, ao mesmo tempo, um olhar de afastamento e de medo (des-afios) desses fios. De acordo com Bechara (2011), des- (do latim de+ex ou de dis) exprime a ideia de separação, afastamento, ablação, ação contrária, de cima para baixo, intensidade, reforço.

[3] Esta primeira experiência relatada aconteceu na capital do Estado do Rio de Janeiro. A Avenida Brasil é a principal avenida da capital que liga as diferentes regiões da cidade.

sol começava a raiar, quase que ressoando com seus raios: – Esperança... o dia chegou! Eis que, após uma hora e trinta minutos dessa inquietante e calorosa viagem, chega o momento do que imaginava ser a descoberta de uma área já antes visitada: Cidade Universitária da Universidade Federal do Rio de Janeiro (UFRJ), bloco da pediatria do hospital universitário.

Enfim, caminhando por um longo corredor, chego à Creche Universitária (posteriormente, Escola de Educação Infantil da UFRJ[4]). O berçário foi o meu primeiro contato como professora. Uma característica da creche universitária na época que atuei neste espaço (2006) era possuir um contrato somente de professores substitutos e, de alguns estagiários. Ao saber que não estaria sozinha, fiquei mais tranquila e calma; não pensei sobre os desafios que seria trabalhar com varias mentes pensantes em conjunto. Educadores com visões/concepções de educação infantil diferenciadas, mas que tinham um mesmo propósito – contribuir para a educação daquelas crianças e proporcionar uma educação infantil de qualidade. O *eu-sujeito* estava vivenciando nesse momento, talvez de forma consciente ou inconsciente, a experiência como sugere o excerto a seguir: "O sujeito da experiência tem algo desse ser fascinante que se expõe atravessando um espaço indeterminado e perigoso, pondo-se nele à prova e buscando nele sua oportunidade, sua ocasião" (BONDÍA, 2002, p. 25).

Foi nesse espaço, matizado por traços de incerteza, que encontrei a oportunidade de experimentar novas formas de "fazer" educação e conhecer metodologias e práticas de educação infantil diferenciadas. Tive contato, com mais intensidade, com novas fronteiras. Metodologia de projetos? Educação Construtivista? Termos já ouvidos anteriormente na graduação, mas que pude vivenciar na prática com as crianças. Assim, minha trajetória na Creche UFRJ foi sendo construída e me formando enquanto professora.

Erros aqui, sustos ali, alegrias acolá e descobertas que me permitiram ousar um pouco mais nessa caminhada. Depois de quase

---

[4] A Escola de Educação Infantil da Universidade Federal do Rio de Janeiro (UFRJ) atende crianças de 0 a 6 anos de idade, filhos/as de funcionários da UFRJ.

dois anos, encerrou-se o contrato de professora da Creche UFRJ e iniciam-se novas expectativas. Oportunidades de desbravar outros campos, outras metodologias e outras formas de visualizar a infância. Chego, assim, à Creche da Universidade Federal Fluminense (UFF[5]). Não mais com aquelas preocupações de uma professora iniciante, mas com a inquietação e com o mesmo anseio de contribuir para uma educação infantil que valorizasse o *ser criança*.

Já possuía a concepção de que elas, a partir das suas relações com o outro desde o nascimento, traziam contribuições e propostas para o espaço da creche que modificavam a dinâmica desse espaço, ou seja, crianças que constroem e que remodelam o ambiente em que vivem, principalmente quando se permite que vislumbrem esse processo de transformação. Porém, percebi no novo espaço de atuação como professora, que elas tinham muito mais o que dizer e que poderiam expressar suas inquietações, sentimentos, desejos de formas diversas e criativas.

Foi uma oportunidade que favoreceu outros olhares para a educação infantil. Vale registrar, também, que vivências de sustos e alegrias aconteceram, mas que contribuíram para formar mais um pedacinho do *eu-professora, eu-gente*. A cada dia que entrava pelos portões daquele espaço, que se confundia entre um quintal de uma casa de avó e um jardim de um castelo encantado dos contos infantis, aguardava por novas descobertas e experiências com aquele grupo de professores, gestores, coordenadores, cozinheiras, estagiários/as, agentes de serviços gerais e crianças/famílias. Essa era a grande marca daquela creche, a vida em rede. De fato, éramos ali uma grande rede em que um sujeito se ligava ao outro de diferentes formas. Todos tinham voz e eram ouvidos e muito se mudava na prática a partir de reuniões e reflexões. Entrelaçávamos, entre tensão e afeto, uns com os outros o tempo inteiro... uma rede de ação e de pensamento.

---

[5] A Creche está localizada na cidade de Niterói, Estado do Rio de Janeiro e atende crianças de 0 a 6 anos de idade, filhos/as de alunos/as e de funcionários/as da Universidade.

Foi nesse espaço "encantado" que fui me formando um pouco mais enquanto educadora de crianças pequenas. As crianças respondiam às minhas inquietações ao dizer: - *Bia, a gente podia fazer um grande livro, o livro do G3. Podia chamar histórias do G3* (Maria[6], 4 anos). Elas sabiam muito bem que tipo de socialização e construção coletiva desejavam. Todavia, essa fronteira entre o querer das crianças e o meu fazer foi mais uma vez desmitificada pelas próprias crianças. Assim, nesse espaço fui percebendo que elas me ensinavam cada dia mais. Elas eram, com efeito, valorizadas e ouvidas.

Em 2010, meu contrato com a Creche UFF chegou ao fim e descobri o que chamo de "o outro lado da história da educação infantil". Um espaço não tão encantado aos meus olhos, mas de muitos desafios, choros e humanidade que ainda não havia vivenciado. Estava diante de uma carta de convocação para me apresentar na Prefeitura do Rio de Janeiro referente a um concurso para professora de ensino fundamental do Município, que havia feito no ano anterior (2009) e que já não estava em minha lembrança. Foi então que me lancei em uma nova comunidade, com outros adultos, outras crianças e uma realidade socioeconômica totalmente diversa daquela que já havia presenciado até aquele momento.

Essa mirada no espelho fez-me relembrar momentos de muitas tristezas; todavia, hoje visualizo as alegrias ocultas vivenciadas na escola de uma das comunidades mais violentas da Zona Oeste do Rio de Janeiro. Ao chegar àquela comunidade fui recebida pela diretora que disse: "eu já sabia que vocês (se referindo a mim e mais uma professora que tinha tomado posse do cargo no mesmo dia) estavam entrando na comunidade. O menino do radinho (nome dado aos meninos informantes do tráfico da favela) me avisou". Foi meu primeiro susto; não tinha percebido que estava sendo vigiada e não sabia da relação da direção da escola com as pessoas do tráfico.

Nos primeiros dias, uma angústia constante tomava conta de meu interior. Onde estavam os momentos de trocas com o corpo

---

[6] Este é um nome fictício, não é o nome real da criança. Para este livro omitimos o nome para não expor a identidade das crianças.

docente, com a equipe da escola? Com quem iria falar e socializar as práticas do cotidiano, a vida em rede em que todos são ouvidos e têm oportunidade de falar e de pensar a infância? E as crianças? Não sabia se chorava, por não conseguir ouvi-las e atende-las em suas mais diferentes necessidades, tanto pessoais como de aprendizagem, se tentava transmitir alegria e fazer daqueles momentos algo precioso e marcante para elas. Foi uma tensão que me acompanhou durante um bom tempo.

O que me estimulava a seguir adiante e enfrentar a realidade nebulosa naquele momento eram as crianças e suas famílias. Elas tinham muitas carências, mas seus olhares e suas expectativas esperando algo de bom ou uma palavra amiga, um abraço ou um colo, muitas vezes era o que me impulsionava a permanecer naquele espaço. Eu acreditava que aquelas "infâncias" estavam "perdidas", que não seria possível mudar tal realidade, aquelas famílias, aquela forma de ver o mundo que eu considerava tão limitada.

A cada dia que passava e a cada mês minha ansiedade de fazer uma educação infantil de qualidade foi se acalmando e, infelizmente, deixei-me cegar pelo comodismo que permeia a cultura de muitas escolas públicas. Tornei-me uma professora que, em essência, não era eu, uma pessoa que passou a estar ali não mais pelas crianças, mas pela questão financeira, para cumprir o papel aparente de ser uma "boa" professora de crianças. Mas boa para quem? A quem eu estava servindo naquele momento, às crianças, às famílias, à direção, ao sistema educativo ou a mim mesma? Entrei em conflito, parei e comecei outro processo de reflexão.

Depois de alguns meses nessa escola, consegui sair da intensa crise. Fui aprendendo e ressignificando as experiências com os erros. "Qualquer forma de criação surge como um erro em relação ao sistema no qual ela se produziu antes de se transformar em verdade de um sistema transformado", como destaca Morin (2015a, p. 102). Comecei, assim, olhar com outros olhos para aquela realidade – foi um processo de libertação. Aos poucos, libertei-me dos meus temores e angústias e passei a ver o que eu poderia fazer para melhorar os momentos que aquelas crianças estavam comigo. Passei a perceber suas potencialidades, que eram muitas; percebi a capacidade das famílias de trabalhar em parceria na educação dos filhos. Por mais que o resultado não fosse perceptível, consegui ver, em pouco tempo, que aquele grupo e eu fomos modificados por meio dos laços afetivos e de aprendizagem que se formaram ao longo daquele tempo.

A escola era uma referência para aquela comunidade e para as famílias. Quando cheguei não conseguia sentir encanto naquele espaço, que mais parecia uma "prisão". Porém, depois de algum tempo, aprendi que pode haver encantamento onde, na aparência, não há encanto. Percebi que fazer uma educação infantil de qualidade não está somente relacionado ao espaço físico, à estrutura que uma escola pode oferecer; a qualidade também está nas relações de afeto, respeito e atenção que são construídas nesse ambiente. Aquela escola significava muito para as famílias e crianças ao seu redor. As relações estabelecidas com as pessoas naquele espaço ultrapassavam o sistema educativo precário oferecido pelo governo, atuações de poder do tráfico e da violência, estavam além dos muros da escola.

Assim, passaram-se dois anos de convivências e de experiências significativas que me formaram um pouco mais naquela comunidade com aquelas crianças e com as famílias. Momentos de tensão, violências diversas, mas com um encantamento humano que era mais forte que o cenário decadente que pairava naquela comunidade carente. Na verdade, percebi que a carência maior era minha, carência de aprender a ver, a partir do cenário nebuloso aparente, um fabuloso encantamento na educação infantil. Afinal, as crianças pequenas são seres humanos que a ciência precisa investigar a fim de forma-los seres críticos e reflexivos. Contudo, muitos estudos parecem ainda buscar a compreensão do conceito de criança[7] e como se deve agir com elas.

---

[7] O tema das concepções de infância e algumas teorias sobre a infância serão aprofundados nos próximos capítulos deste livro.

O outro olhar para o espelho...
Eu-estudante/ eu-pesquisadora

Ao retornar para a mirada no espelho, visualizo outro eu, uma pessoa curiosa em busca de conhecer e encontrar respostas para diferentes inquietações sobre a infância, principalmente no que concerne às práticas com as crianças pequenas. O *eu-pesquisadora* me acompanha desde a graduação em Pedagogia, período que me despertou o aprofundamento do tema da educação infantil. Tal aspecto fundamenta o registro das expressões *eu-estudante/eu-pesquisadora*.

Ingressei no curso de Pedagogia da Universidade Federal do Rio de Janeiro em 2004, vivenciando um pouco do mesmo sentimento que experimentaria mais adiante, no início da profissão docente, assustada, pisando em um campo desconhecido e com muitos desafios (lacunas de conteúdo da educação básica, distância do meu local de moradia e falta de recursos para prosseguir o curso). Em suma, não sabia o que realmente significava ser um pedagogo/a.

Ao longo da minha trajetória escolar, estudei em escola pública e em um período histórico em que a profissão docente era "valorizada e respeitada". O/a professor/a era uma figura central no processo educativo. Contudo, nessa época, a educação pública já apresentava traços de declínio em relação à falta de estrutura. A superação para enfrentar tais dificuldades e proporcionar um ensino de qualidade aumentou minha admiração pelos/as professores/as que tive e seus incentivos para prosseguir os estudos contribuíram para que eu pudesse permanecer no caminho da educação e nessa via estou até hoje.

Entretanto, o campo da Pedagogia ainda era desconhecido para mim no início do curso. A única certeza que tinha era de que poderia, ao final, lecionar no ensino fundamental ou na educação infantil. As dificuldades e os desafios aliados ao grande apoio da minha família não me fizeram desistir, mas persistir na experiência de novas descobertas na educação. Durante o curso, fui percebendo que pedagogia era uma área ampla e que abria diferentes possibilidades e oportunidades no contexto educacional.

No caminho de descoberta do que seria, então, a pedagogia, assumi a prática de leituras e releituras dos livros e de textos sobre o desenvolvimento infantil e seu processo de socialização. Estava intensamente envolvida com o tema da infância e o que significa ser criança. O envolvimento com as abordagens sobre a educação infantil ocorreu mais profundamente no terceiro ano do curso. No antigo currículo do curso de Pedagogia[8] optava-se por uma habilitação (educação infantil, séries iniciais ou disciplinas pedagógicas do magistério) após dois anos de curso.

Nesse contexto, prossegui o curso na habilitação de educação infantil e descobri a paixão pela primeira infância. As reflexões nas aulas de Fundamentos da Educação Infantil (fui bolsista-monitora nessa disciplina) e Prática de Ensino sobre a distância existente entre a prática e a teoria no campo da educação infantil me conduziram ao aprofundamento dessa área de estudo. Na busca por respostas, ingressei no Grupo de Estudos sobre desenvolvimento infantil[9]. O grupo discutia as questões sobre o desenvolvimento da criança de 0 a 6 anos e suas formas de interação no espaço da creche.

Meus questionamentos sobre as práticas com crianças pequenas e a experiência do primeiro contato com a pesquisa levaram-me a escrever o Trabalho de Conclusão de Curso versando sobre o tema do *"Bem-estar e envolvimento dos bebês na creche"*[10].

> Se parto do sistema auto-eco-organizador e subo, de complexidade em complexidade, chego finalmente a um sujeito pensante que não é mais do que eu mesmo tentando pensar a relação sujeito-objeto.

---

[8] Ver Parecer CNE/CP nº 3/2006 sobre as Diretrizes Curriculares do Curso de Pedagogia. Disponível em: <http://portal.mec.gov.br/cne/arquivos/pdf/pcp05_05.pdf>. Acesso em 07 jul. 2016.

[9] Grupo de Estudos da linha de desenvolvimento infantil da Faculdade de Educação da Universidade Federal do Rio de Janeiro coordenado, na época, pela Profª Drª Eliana Bhering. O grupo estudava o desenvolvimento da primeira infância na perspectiva do desenvolvimento psicológico da criança.

[10] FALEIRO, B. S. Bem-estar e envolvimento dos bebês na creche. 2008. 31f. Trabalho de Conclusão de Curso (Bacharelado e licenciatura em Pedagogia). Universidade Federal do Rio de Janeiro – UFRJ, Rio de Janeiro, 2008.

> E, inversamente, se parto desse sujeito da reflexão para encontrar seu fundamento ou ao menos sua origem, encontro minha sociedade, a história desta sociedade na evolução da humanidade, o homem auto-eco-organizador. (MORIN, 2015b, p. 43)

O sistema da auto-eco-organização, desenhado por Morin (2015) será abordado com mais profundidade em outro capítulo; entretanto, a citação acima explicita a experiência do *eu-pesquisador* que chega a um sujeito pensante experimentando a relação sujeito--objeto. Tal relação foi vivenciada a partir dos primeiros contatos com a pesquisa e continuou a ser vivenciada anos depois de concluir o curso de graduação. Com o término da graduação, e já atuando como professora, fui convidada em 2012 a participar da pesquisa sobre *Avaliação da qualidade da educação infantil do Município do Rio de Janeiro,* realizada pelo Departamento de Pesquisas Educacionais da Fundação Carlos Chagas (FCC[11]), como observadora de campo. Nesse período sentia-me como o sujeito pensante de Morin (2015), tentando pensar a relação sujeito-objeto. Minha participação na pesquisa intensificou a crise, pois comecei a refletir sobre meu fundamento enquanto sujeito que atua na educação infantil e a encontrar com aquela pesquisa a história da minha sociedade, a minha história, ou seja, uma relação complexa[12] entre sujeito e objeto que não se completava, mas que somente abria para outras possibilidades.

Observei mais de trinta turmas de educação infantil nas creches e escolas municipais do Rio de Janeiro em comunidades muito carentes e violentas da zona oeste da cidade. Foi um trabalho de pesquisa intenso que durou pouco mais de quatro meses, mas que evidenciou a existência de muitas e variadas possibilidades de temas de pesquisa na educação infantil e que, como afirma Morin (2015), houve a abertura para além dos limites do meu entendimento. Experimentei como observadora parte daquele sentimento que nutria como professora.

---

[11] O Departamento de Pesquisas Educacionais da Fundação Carlos Chagas (FCC) desenvolve pesquisas em toda área nacional de avaliação da educação e publica suas pesquisas em suas revistas científicas.

[12] O conceito de complexidade, neste contexto, é mencionado de acordo com o pensamento de Morin (2015b) que compreende a complexidade como aquilo que é tecido junto e que não se fecha, mas que abre para novas tessituras.

Ao final do meu trabalho na pesquisa, mesmo sem ter tal consciência teórica, percebi que o sujeito (*eu*) e o objeto (qualidade na educação infantil) eram constitutivos um do outro, assim como aponta Morin (2015). A realidade científica que estava imersa naquele momento e o *eu* estavam relacionados, permitindo-me continuar no campo das reflexões sobre educação infantil, nesse momento na compreensão de que ainda havia muito mais áreas a serem pesquisadas, tanto dentro de mim como a partir das práticas vivenciadas com crianças pequenas. Em síntese, percebi as diferentes concepções de práticas e a percepção dessas concepções na vida das crianças.

A tríade: eu-professora/eu-estudante/eu-pesquisadora

Ao contemplar a abertura para novas possibilidades e dimensões da pesquisa sobre a infância, encontro um todo composto por diferentes partes, um tecido de acontecimentos, ações e interações inacabado como relatei no início deste capítulo. Visualizo, por fim, uma pessoa composta por várias outras e outros.

Voltando ao conceito de sistema auto-eco-organizador de Morin (2015), percebo um sujeito partindo da reflexão teórica da pesquisa para encontrar um fundamento ou uma resposta. Também identifico a composição do inverso: inicio com minha história, a história do outro para chegar à reflexão sobre o que são (boas) práticas na educação infantil e na percepção de quais sujeitos. Nesse momento, o espelho expressa experiências e questionamentos que fazem parte de um todo que reflete a minha trajetória formativa vivenciada ao longo do tempo.

Sob tal perspectiva, compreendo que não há como compartimentalizar o *eu*. Esse processo de compreensão foi se desenvolvendo, mesmo que de forma inconsciente, quando percebi a necessidade de continuar estudando, investigando e refletindo sobre a educação infantil. Deixei de ser a professora que somente atuava em sala movida pelas práticas e voltei a refletir sobre tal prática. Fui em busca do curso de Pós-Graduação em Educação. O incentivo do meu esposo, familiares e da Secretaria Municipal de Educação do Rio de Janeiro (sendo representada pelos diretores/as das unidades escolares que atuei e pela Coordenadora Regional de Educação, professora Maria das Graças Muller, que me concederam o afastamento para estudo em outro estado) foram decisivos para iniciar o Mestrado na Universidade Metodista de São Paulo (UMESP).

As dúvidas e a preocupação se eu conseguiria fazer uma pesquisa e cursar o mestrado me acompanharam nos primeiros meses. O acolhimento do Programa de Pós-Graduação em Educação da Universidade Metodista deixou-me mais tranquila e segura para prosseguir o curso. Vivia um pouco da tensão por ter deixado as escolas em que atuava para esse tempo de estudo, deixei familiares no Rio de Janeiro, além de vivenciar outra cultura, outras formas de olhar e pensar sobre a educação, por isso o apoio e a acolhida da Universidade foram muito significativos ao longo do processo.

Sobre a construção do tema e caminho da pesquisa, ingressei no curso ainda com um olhar focado nas práticas ditas "ruins" da educação infantil devido às experiências que vivi e observei durante a minha caminhada profissional, mas as reflexões nas disciplinas e as primeiras orientações da Profª Drª Lúcia Villas Bôas (minha orientadora até dezembro de 2015) contribuíram para ampliar minha visão e refletir sobre as (boas) práticas na educação infantil. No processo de reflexão, começaram a surgir os primeiros questionamentos sobre o que seriam práticas "ruins" na educação infantil ou o que seriam "boas" práticas, sobretudo para quem.

O contato com diferentes autores e autoras da infância que pesquisam a educação infantil como Oliveira (2012), Dias (2011) e Rosseti-Ferreira (2001) proporcionou-me as primeiras respostas e surgiram outras perguntas. Assim, fui caminhando na pesquisa e, nesse caminho, tive a oportunidade de também ser orientada pelo Profº Drº Marcelo Furlin, que me despertou para o tema da complexidade, na inspiração de Morin (2015) e as fronteiras que podem existir nas diferentes concepções de boas práticas no campo da infância. As orientações permitiram visualizar as fronteiras da experiência na educação infantil vivenciadas por mim ao longo da minha trajetória formativa e a forma como outros sujeitos percebem as (boas) práticas na educação infantil.

O foco da pesquisa voltou-se mais especificamente para as práticas com crianças de 0 a 3 anos, pois, foi a faixa etária vivenciada por mim, tanto como professora quanto como pesquisadora-observadora. Nos últimos anos, de modo particular, a partir do final do século XX, as discussões sobre a educação das crianças pequenas e a proposta de dar visibilidade às crianças dessa faixa etária vem ganhando corpo e se intensificando tanto nas produções da Academia quanto nos documentos que embasam o funcionamento das creches no Brasil. Nesse sentido, o outro aparece como parte desse processo e compõe a minha história, de como desenhei esta reflexão. Nas diversas etapas da pesquisa realizada no mestrado, fui identificando as diferentes concepções de infância e de práticas com as crianças pequenas além da visão dos documentos e publicações nacionais sobre educação infantil.

O processo da concretização da pesquisa é instigante. Voltando ao espelho, identifico sustos e alegrias, com a visualização de transformações que tenho vivenciado no desenrolar da pesquisa e as mudanças de pensamento que esta tem trazido para minha vida. Aprecio a pesquisa desde a graduação, mas tenho descoberto que a vivência da produção com maior exigência e formalidade é uma tarefa sobre a qual necessito debruçar. Nessa imensidão de ideias, vejo-me descobrindo o encantamento com a infância e com a complexidade, na perspectiva de Morin (2015).

Com tal inspiração, a pesquisa foi sendo desenhada de forma a apresentar o tema da infância como parte da minha vida, ou seja, o todo que não se completa. Experimento a cada dia, a condição do ser incompleto. Por esta razão, inicio esta obra com meu texto-memorial, minha trajetória formativa que me levou até o tema das (boas) práticas e esta investigação. A tríade (*eu-professora/ eu-estudante/ eu-pesquisadora*) nesse entendimento se constitui no *eu* que busca aprofundar a investigação com o objetivo de abrir novas vias de possibilidades para a pesquisa e seus desdobramentos.

As fronteiras parecem apontar para descobertas e tensões no campo da infância. As aproximações e os confrontos de conceitos e de visões podem dialogar com a posição que os sujeitos ocupam e de que infância ou de que infâncias poderiam tratar. As fronteiras da minha experiência, os sustos e alegrias que vivenciei e que estou experimentando até esse momento me constituem como o *eu-estudante, eu-professora* e o *eu-pesquisadora*. Portanto, ao refletir sobre as (boas) práticas na educação infantil também ocupo, mesmo que indiretamente, uma posição que demonstra de que ângulo é possível visualizar a infância e sua complexidade nos diferentes espaços, neste caso em particular a creche.

Nessa moldura, proponho mais algumas miradas no espelho, porém agora sob outras perspectivas. Volto ao questionamento sobre o que são as (boas) práticas na creche e a percepção dessa resposta a partir das concepções de infância das professoras que atuaram ou atuam com crianças pequenas. O convite consiste em olhar o espelho a partir destas concepções (professoras) e das reflexões de autores da complexidade já mencionados e de estudiosos da infância.

Cenas para as próximas miradas...

O que é um espelho? É o único material inventado que é natural. Quem olha um espelho, quem consegue vê-lo sem se ver, quem entende que a sua profundidade consiste em ele ser vazio... Esse alguém percebeu o seu mistério de coisa.

(Clarice Lispector)

1

REFLEXOS DO ESPELHO (1): OS RELATOS E A INFÂNCIA

1.1 Miradas metodológicas: a pesquisa narrativa

O convite em refletir as (boas) práticas na creche, proposto ao final da seção anterior, se insere no contexto deste livro a partir da metodologia da Pesquisa Narrativa. A escolha por esse caminho ocorreu por meio da percepção da trajetória formativa e das vivências no campo da infância, vivências estas que são conceituadas, em alguns momentos, como experiência na perspectiva de Bondía (2002) e em outras, como histórias vividas na visão de Clandinin e Connelly (2011).

Estes últimos autores destacam a Pesquisa Narrativa como uma forma de experiência narrativa. O conceito de experiência, na visão destes teóricos, é compreendido como a história humana das pessoas, ou seja, os relatos de vida que foram produzidos a partir de um contexto narrativo. Nesse âmbito, experiência constitui um termo necessário para os autores.

> Para nós, narrativa é o melhor modo de representar e entender a experiência. Experiência é o que estudamos, e estudamos a experiência de forma narrativa porque o pensamento narrativo é uma forma-chave de experiência e um modo-chave de escrever e pensar sobre ela. (CLANDININ; CONNELLY, 2011, p. 48)

Nas vias dessa abordagem, a característica que marca um pesquisador narrativo é iniciar com a narrativa do pesquisador, suas experiências, associadas ao tema da pesquisa, denominado por Clandinin e Connelly (2011) por problema de pesquisa. O pesquisador, segundo os autores, deve pensar narrativamente suas histórias e as experiências do outro. Os relatos e experiências de observação devem ser narrados entrelaçados com as teorias relacionadas ao tema da pesquisa.

Tal metodologia denomina, para estes relatos, o termo *textos de campo*. Ao transcrever as experiências relatadas para a pesquisa, nesta perspectiva, transformo os relatos em textos de campo. Esses passam a compor a narrativa do pesquisador e as análises junto à teoria pesquisada. A apresentação dos *textos de campo* pode aparecer de diferentes formas. Na visão dos autores, "[...] nós todos somos personagens com múltiplos papéis que falamos de dentro de múltiplos enredos" (CLANDININ; CONELLY, 2011, p. 195). Assim, os múltiplos enredos podem surgir como formato de cartas, poemas, histórias, relatos e cenas de teatro. Enfim, aparecem nas diversas composições de um texto de campo. Os textos são permeados por um cenário que a Pesquisa Narrativa conceitua de *paisagem* do campo. A *paisagem* representa outras experiências que envolvem o campo, ou seja, significa olhar para os relatos considerando o que está por trás das falas, das observações e das experiências dos sujeitos, a partir de qual contexto se insere as narrativas.

Nessas vias, ao iniciar esta obra com a experiência[13] de vida fui inspirada pela Pesquisa Narrativa a prosseguir a escrita também com os relatos e os textos de campo da pesquisa de mestrado em diálogo com as teorias sobre a infância e as (boas) práticas na creche. Como sugerem Clandinin e Connelly (2011) "[...] os pesquisadores narrativos tendem a começar com a experiência assim como é expressa em histórias vividas e contadas" (p. 73). Portanto, esta seção inicia as discussões sobre infância com os relatos das experiências dos sujeitos entrevistados e com cenas das observações realizadas em uma turma de creche do município de São Bernardo do Campo/SP.

---

[13] O conceito de experiência é compreendido neste momento tanto na visão da Pesquisa Narrativa quanto na perspectiva de Bondía (2002).

Este estudo está fundamentado na narrativa de cinco professoras – duas das narrativas foram de professoras cuja prática de sala foi acompanhada durante um período de dois meses e as outras três professoras foram selecionadas por ainda estarem, quando da realização da pesquisa, em processo de formação acadêmica atuando em turmas de creche ou pelo fato de já terem atuado com crianças da faixa etária de 0 a 3 anos de idade. A opção pela coleta de diferentes textos de campo se deu para alcançar dois objetivos da pesquisa, que consistiu em identificar as diferentes concepções de (boas) práticas na educação das crianças pequenas (0 a 3 anos) e perceber as fronteiras que possam existir entre o que está nos relatos e o que nos apresentam os documentos e teorias da infância. Nessa perspectiva, há a inserção nas diferentes histórias para, assim compreender como esses atores da infância vivenciam ou vivenciaram suas experiências.

> Ao desenvolvermos um processo de investigação narrativa, torna-se imprescindível que os participantes tenham voz na relação colaborativa. Isto implica uma forma de conhecimento pautada pela auto-inserção na história do outro, como uma maneira de compreender essa história ao tempo de *dar voz ao outro*, à sua experiência. (FRAIHA-MARTINS, 2014, p. 39)

A visibilidade desses sujeitos concentra-se na valorização das suas falas e de seus relatos e na interpretação desses textos. A composição de tais textos, portanto, permeia todo o trabalho contextualizando a temática pesquisada e compondo as cenas das concepções de (boas) práticas. A interpretação dos relatos ocorre na medida em que são categorizados os conceitos ou palavras-chave que aparecem nas diferentes posturas dos sujeitos entrevistados. Assim, os relatos e experiências foram divididos em quatro categorias: As concepções de infância e criança; o processo formativo das professoras; as concepções de (boas) práticas; e, a complexidade nas práticas da creche. Como forma de garantir a não exposição das professoras entrevistadas, as denominações: *professora 1; professora 2; professora 3; professora 4 e professora 5* são utilizadas para referenciá-las.

A inserção no campo para realizar as observações de uma turma de creche foi uma escolha que também ocorreu pela relevância do tema. O foco foi investigar as práticas docentes na creche. Nessa instância, observar o cotidiano de uma turma com crianças na faixa etária de 2 anos de idade ganha relevância, especialmente as práticas de duas professoras que posteriormente seriam entrevistadas. As interpretações dos textos dessas observações são apresentadas por meio de cenas e são refletidas ao longo do estudo como inspira a Pesquisa Narrativa.

O desenvolvimento da pesquisa, a partir dos relatos e das observações, foi desenhado junto com as experiências que se formaram. Como afirma Clandinin e Connelly (2011), na Pesquisa Narrativa o pesquisador se posiciona no *entre-meio*[14], no *entre-lugar*. Portanto, as aspirações são descritas nos *entre-lugares* dos textos de campo. Esse lugar do pesquisador pode aparecer com suas experiências de vida. Assim, nesse percurso narrativo desenvolveu-se um diálogo ponderando também de que lugar e de qual percepção da infância e das (boas) práticas falamos.

A posição do *entre-lugar* me permitiu dialogar neste estudo, portanto, com relatos de cinco professoras da rede municipal de São Bernardo do Campo/SP. A visualização do perfil das entrevistadas é apresentada na Tabela 1 abaixo e de forma mais completa nos anexos deste estudo.

---

[14] Neste estudo, o termo *entre-meio* está inserido na perspectiva da abordagem da Pesquisa Narrativa, na qual as experiências do pesquisador são relatadas ao longo do texto e aparecem no meio dos relatos dos sujeitos pesquisados. O entre-lugar também é utilizado no sentido de que o pesquisador, em alguns momentos, está imerso na pesquisa e, em outros, procura distanciar-se.

Tabela 1 – Perfil das professoras entrevistadas

	Professora 1	Professora 2	Professora 3	Professora 4	Professora 5
Turma de creche na qual atuava no período da pesquisa ou já atuou	Atuou no berçário e atuava no Infantil III	Atuou no infantil III e atuava no ensino fundamental	Atuou no infantil III e atuava no ensino fundamental	Atuou no berçário; infantil I e atuava no infantil II	Atuou no berçário; infantil I e atuava no infantil II
Formação	- Magistério - Cursando o PARFOR/ UMESP	- Magistério - Cursando o PARFOR/ UMESP	- Magistério - Cursando o PARFOR/ UMESP	- Magistério - Pedagogia - Pós-graduação (*Lato Sensu* em Educação Infantil)	- Pedagogia - Pós-graduação (*Lato Sensu* em Educação Infantil)
	Atuação no magistério como professora: Educação Infantil: 13 anos Ensino Fundamental I: 10 anos	Atuação no magistério como professora: Educação Infantil: 13 anos Ensino Fundamental I: 3 anos	Atuação no magistério como professora: Educação Infantil: 13 anos Ensino Fundamental I: 7 anos	Atuação no magistério como professora: Educação Infantil: 24 anos Ensino Fundamental I:	Atuação no magistério como professora: Educação Infantil: 9 anos Ensino Fundamental I: 1 ano
Dados Profissionais	Atuou nos últimos cinco anos no Infantil III	Atuou nos últimos cinco anos no Infantil III, IV e V	Atuou nos últimos cinco anos no 1ª, 2ª, 4ª e 5ª ano do fundamental	Atuou nos últimos cinco anos no Berçário II e Infantil I	Atuou nos últimos cinco anos em turmas de creche

Fonte: informação verbal das entrevistas

As professoras relataram seus posicionamentos em relação a temas como processo formativo do nível de Magistério e Pedagogia, concepção de infância e de criança, culturas infantis e concepções de (boas) práticas na creche. Elas pareciam estar tranquilas em falar desses temas e destacaram suas experiências em cada uma dessas perspectivas com exemplos do cotidiano, além de valorizarem suas práticas com as crianças pequenas. As cinco professoras aceitaram de imediato o convite à participação e se colocaram à disposição para contribuir com a pesquisa.

1.2 Miradas conceituais: criança e infância

A metáfora que orienta esta obra e orientou a pesquisa de mestrado inspira novos olhares e permite visualizar as crianças pequenas a partir de diferentes ângulos. A mirada no espelho, nesta perspectiva, vislumbra a criança sócio-histórica, além dos sustos e alegrias que acompanham a trajetória da infância e das creches no Brasil. Retomar algumas concepções de infância e de educação a partir das vias da complexidade, tecidas com os relatos dos sujeitos pesquisados parece abrir novas possibilidades de vislumbre das (boas) práticas.

O recorte que destaco nesta mirada são as mudanças na concepção de infância e a reflexão sobre o conceito de criança que o campo da educação infantil tem vivenciado ao longo da História[15]. Nessa esfera, a criança parece não ser mais compreendida como um ser passivo, que recebe as informações e incorpora os elementos da cultura, mas que (re)significa os conhecimentos e experiências desde o nascimento compondo o seu desenvolvimento nas diferentes áreas (afetivas, sociais, cognitivas).

---

[15] Não constitui objetivo desta pesquisa fazer um levantamento histórico das concepções de infância, porém é importante destacar que em sua obra *História Social da Criança e da Família*, Ariès (1973) menciona que o conceito moderno de infância não existia na sociedade medieval. Isso não significa que as crianças eram negligenciadas, abandonadas ou desprezadas. O conceito de infância não deve ser confundido com atenção aos filhos: corresponde a uma tomada de consciência da criança em particular, consciência esta que não existia.

> Nesse processo, é preciso considerar que as crianças necessitam envolver-se com diferentes linguagens e valorizar o lúdico, as brincadeiras, as culturas infantis. Não se trata assim de transmitir à criança uma cultura considerada pronta, mas de oferecer condições para ela se apropriar de determinadas aprendizagens que lhe promovem o desenvolvimento de formas de agir, sentir e pensar que são marcantes em um momento histórico. (OLIVEIRA, 2014, p. 190)

Ao ser questionada sobre sua concepção de criança, é possível perceber no relato da Professora 2 a percepção de como a criança era vista há um tempo atrás por ela e como essa visão foi se modificando a partir dos estudos (teorias) e processo formativo dessa professora – narrativa 1:

> Eu acho que é.... é isso né é a curiosidade, o movimento, é troca né, eu nem falo mais em ensinar porque eles ensinam tanto né pra gente. Hoje eu vejo assim, ta vendo?! Há uns anos atrás eu achava que eu era líder. A gente vai aprendendo né eu acho e por isso que é bom estudar né porque você parada fica meio que estagnada naquela mesmice né. (Professora 2, informação verbal)

A influência de alguns estudiosos como Jean Piaget[16] e Lev Vygotsky[17], que pesquisaram sobre o desenvolvimento da criança e como esta compreende e conhece o mundo, contribui para entender como a compreensão acerca da criança ocorre como sujeito ativo e não passivo. Suas descobertas inspiram a visualizar as transformações que parecem estar em oculto na narrativa da professora, sobre como o adulto percebe a criança atualmente. As pesquisas dos referidos autores fundamentaram outros estudos em diferentes países (inclusive no Brasil) a partir do século XX e impulsionaram novas formas da concepção da criança e da infância.

---

[16] Biólogo e especialista em epistemologia e psicologia genética, nasceu na Suíça em 1896 e faleceu em 1980. (PIAGET, 2005. Trad. de AMORIM, M. A.M. & SILVA, P. S. L.)

[17] Psicólogo e estudioso da psicologia cultural-histórica, nasceu em 1896 na Rússia e faleceu em 1934. (PRESTES, 2013)

A teoria pesquisada e apresentada por Piaget na Suíça abriu caminhos para mudanças na perspectiva educativa da criança e seu desenvolvimento desde o nascimento. Em suas pesquisas, o biólogo foi um dos pioneiros na valorização da criança como sujeito, além de compreendê-la como construtora de seu conhecimento. Compreendo que seu foco era a epistemologia e não a educação. Os estudos dele foram esmerados na forma como a criança constrói o conhecimento por meio de testes e teorias que desenvolveu para comprovar suas constatações. Contudo, sua grande contribuição no entendimento da centralidade do sujeito no processo de construção do seu conhecimento e a percepção desse processo desde o nascimento modificou a visão de criança que se apresentava como um depósito de informações, principalmente o bebê. Nesse sentido, a criança pequena passa a ser um sujeito que, na interação com o ambiente, vai construindo sua inteligência (FREIRE, 2001).

Nessa mesma época, na Rússia, Vygotsky pesquisava o desenvolvimento da criança na vertente histórico-cultural constatando com seus estudos que o desenvolvimento ocorria a partir das relações que a criança possui com o meio e sua cultura (PRESTES, 2013). Encontro nas inspirações de Prestes (2013), a premissa vygotskyana de como o referido estudioso percebia a criança e seu desenvolvimento:

> Portanto, desenvolvimento para Vygotsky [2004] é um processo imprevisível, uma possibilidade e envolve períodos críticos que são sucedidos por períodos estáveis e cruciais no desenvolvimento da criança; é um processo dialético em que a passagem de uma etapa para outra não é somente evolução, mas principalmente revolução [...]. Ainda, ele não é linear e seu ritmo é irregular; pode ser ora rápido ora vagaroso; ora intenso, ora fraco; ora progressivo, ora regressivo e está subordinado a regularidades internas próprias; e é também um processo de auto-desenvolvimento. (PRESTES, 2013, p. 300)

O excerto parece apresentar outro olhar sobre a criança que, nesse contexto, se configura na perspectiva sócio-interacionista. Piaget nos permite conhecer a criança que constrói seu conhecimento a partir dos estágios de desenvolvimento. A cada estágio, a criança amplia suas possibilidades de conhecer o mundo. Entretanto, Vygotsky propôs um desenvolvimento que se distancia desse caráter de aparência "linear" piagetiana e se aproxima do processo de desenvolvimento a partir da interação – narrativa 2:

> Criança? É o ser humano em formação, é uma esponja, é a fase mais bonita de aprendizado, porque o que a gente aprende é o marco da nossa formação, o que a gente aprende aqui (se referindo a creche) parece que não, mas vai formar nossos valores lá na frente. Então é por isso que eu sou Vygotsky e Wallon, pra eu entender a criança como essa esponja, eu sou Vygotsky e Wallon, que eu acho o Piaget muito ciência, ele é muito teórico e o Vygotsky e Wallon não ele já foi mais nas relações interpessoais. (Professora 5, informação verbal)

O conceito exposto na narrativa 2 compreende a criança pequena como um *vir a ser*[18], um sujeito em formação que vai formar valores. Porém, considerando sua ênfase em dizer que é de origem vygotskyana, devido à valorização das relações interpessoais, a professora parece demonstrar em sua narrativa as reverberações dos estudos de Vygotsky para as descobertas do desenvolvimento da criança. Não tenho a pretensão de generalizar o conceito a partir do relato da professora, mas destacar a influência dos estudos desse teórico para a compreensão do significado em ser criança na perspectiva dessa professora a partir de seu contexto educativo.

Todavia, ao observar a definição da criança como *esponja* relatado na narrativa 2, percebo uma analogia que pressupõe um conceito de criança como aquele ser que absorve as situações e experiências no mundo a sua volta e não perpassa pela ressignificação dessas

---

[18] A crítica sobre refletir a criança como um *vir a* ser será aprofundada com a sociologia da infância na conceituação de Sarmento (2013); Larrosa (2003) e Rosemberg (2014).

experiências, ela somente absorve. Nesse sentido, a criança é vista como ser passivo e depositário de conteúdo. Essa visão contrasta com Vygotsky, pois, na perspectiva desse autor, a criança ressignifica o ambiente a partir das interações. No momento que essa professora relata uma concepção, ela demonstra-se contraditória. Assim, é possível identificar tensões e contradições na forma como essa professora se apropria das teorias da infância.

As visões de Piaget e Vygotsky são inseridas nesta obra com a proposta da compreensão sobre como foram se desenhando as concepções de criança que podemos visualizar atualmente no campo da educação e em algumas instituições de creche no Brasil. Os ecos das pesquisas piagetianas, na Suíça e de vygotskyanas, na Rússia, associadas aos estudos de Ariès (1973), na França, entre outros teóricos e pesquisadores, produziram no Brasil, e ainda têm produzido, novos conceitos e formas diferenciadas de visualizar a criança. Entretanto, os estudos de Vygotsky parecem eclodir com mais veemência nas posteriores concepções de infância por este – apesar de ser da linha da psicologia desenvolvimentista – apresentar traços da visão sociológica com a prerrogativa sócio-histórica. Contemplo, assim, nos relatos das professoras entrevistadas o conceito de criança e infância a partir do viés da Sociologia da Infância[19].

Tal Sociologia apresentou, com as implicações apontadas por Pinto e Sarmento (1997), um olhar sobre a infância como um fenômeno social que está para além de métodos reducionistas. Foi se compondo, nessa leitura, a criança que está inserida em uma cultura, em um contexto que evidencia suas potencialidades e sua visão de mundo. A corrente sociológica atrelada à concepção psicológica do sócio-interacionismo, que percebe esta criança como inserida em um contexto em que constrói e reconstrói sua percepção do ambiente a partir do meio e das relações que vivencia, também influenciou o pensamento e as propostas que existem para a infância nos dias de

---

[19] É importante ressaltar que a pesquisa que resultou neste livro não contemplou, na época, a crítica a visão eurocentrada da infância. As concepções de criança e infância apresentadas aqui partem de um viés que perdurou e ainda guia e orienta fortemente os estudos sobre infância na sociedade brasileira oriundos da concepção eurocêntrica.

hoje. Os debates que decorrem dessa reflexão parecem seguir para uma proposição de infância que valorize seu espaço enquanto criança e as características físicas, emocionais e sociais específicas da sua idade.

O conceito de criança estudado por Sarmento (2013) a compreende como um "[...] ser biopsicossocial e a infância como categoria estrutural da sociedade [...]" (p. 15). Ao voltar à definição de criança apresentada pela professora 5, que destaca a criança como um ser em formação, percebemos seu distanciamento da visão desse ser biopsicossocial visualizado por Sarmento (2013). Na concepção da Sociologia da Infância, a criança é entendida como um *ser-que-é*, nessa visão, é um ser completo nas suas disposições, interações e competências e não um ser em trânsito para se tornar adulto. É possível identificar, também, essa mesma compreensão da definição do que é ser criança apresentada pela professora 5, no relato da professora 4 – narrativa 3: "É um ser que ta... que ta se formando né, tem a vontade de descobrir né, ele quer descobrir, é aquele ser que ta sempre pronto né. A criança ta sempre pronta pra descobrir, tem a curiosidade, que é o que ajuda" (Professora 4, informação verbal).

Com uma análise mais pontual da narrativa 3, verificamos uma fala que se aproxima do pensamento da professora 5. No primeiro momento a professora 4 destaca a criança como um ser em formação e no segundo a define como um ser que está sempre pronto. Sarmento (2013) destacou que vivemos (sociedade) imersos nos paradoxos da infância que tem um discurso sobre os direitos da criança, a valorização da sua autonomia e cidadania, porém contraditoriamente a esse pensamento "[...] nunca como hoje se assistiu a uma tão severa restrição das condições sociais da infância [...] nunca como hoje foi tão restrito o espaço-tempo da criança [...]" (p. 17). Conceber a infância na perspectiva da construção social implica romper com a ideia de fase natural da vida e da criança como uma infantilidade naturalizada. Ao dialogar com Sarmento (2013) é possível perceber a diferença na visão de criança das correntes do desenvolvimento, no momento em que este autor compreende a criança como um ser que constrói suas infâncias, um ser social e, portanto, produtor de cultura.

A professora 1 nos relatou uma experiência que viveu alguns anos atrás em uma turma de crianças de 3 anos de idade – narrativa 4:

> É... pra mim a criança, ela é uma caixinha de surpresa e de sabedoria, eu vejo isso neles. Porque às vezes eles trazem coisa que eu, com toda essa bagagem que eu tenho, nunca pensei. Sempre me surpreende [...] Então...nós entramos na sala, começamos a roda de conversa e meu aluno...um menino muito esperto, ele falou assim pra mim: - Pro quantas pedras de gelo será que nós engolimos hoje? Ai eu falei: - Pedras de gelo? É porque faz assim ó... (abriu a boca) ta saindo fumaça da nossa boca e quando a minha mãe abre a geladeira sai fumaça também. Quantas pedras de gelo será que nós engolimos hoje? Então, assim, eu acho que eles são uma caixinha de surpresa. (Professora 1, informação verbal)

A narrativa 4, pautada na associação da criança em sair fumaça da boca e abrir a geladeira, surpreendeu a professora no sentido de refletir sobre a criança pequena como um ser "incapaz", dependente do adulto até para pensar sobre um fenômeno que é tanto científico quanto social. Aquela criança mostrou à professora que é um ser ativo e que reflete sobre as circunstâncias que vivencia em sociedade, na família e é produtora de conhecimento.

A percepção da criança pequena como a "caixinha de surpresas" que aparece relato da professora 1, também evidencia esse novo olhar sobre a infância. Um olhar que, em território brasileiro, do meio para o final do século XX, revelam mudanças que começaram a ser fomentadas. O papel social da criança, mesmo que ainda sorrateiramente, começa a ser vislumbrado pelos movimentos sociais, de modo especial pelo movimento feminista[20]. Segundo os escritos de Rosemberg[21] (2014), apresentados em uma coletânea por Artes

---

[20] No sentido de desenhar a moldura da discussão citamos o movimento feminista como um dos precursores na temática da luta pelas creches.

[21] Fúlvia Rosemberg foi uma pesquisadora da área das relações raciais, relações de gênero, educação e educação infantil. Foi uma referência no movimento da garantia dos direitos às creches para as crianças pequenas no Brasil no século XX (nasceu em 1942 e morreu em 2014).

e Unbehaum (2015), a inserção da mulher no mercado de trabalho "[...] ocasionou o crescimento das reivindicações por creches [...]" (p. 177). Proveniente dessas discussões do movimento feminista, Fúlvia Rosemberg reivindica os direitos da criança de uma educação que atendesse à questão educativa e não somente assistencial.

> Em texto apresentado no Congresso Menor e Constituinte, em outubro de1985, Fúlvia Rosemberg (1985, p. 3) reafirma a reivindicação para um atendimento à criança de 0 a 6 anos que não ficasse restrito à assistência e custódia, mas que considerasse os aspectos educacionais "na medida em que se considera que o desenvolvimento se dá através das atividades da vida diária. Isto é, a criança pequena aprende e se desenvolve enquanto toma banho, troca fralda, mama, corre ou brinca. (ARTES; UNBEHAUM, 2015, p. 89)

As reivindicações do movimento feminista e as discussões de outros pesquisadores sobre a valorização dos direitos das crianças culminou com a aparição da temática *criança* na Constituição Federal e, posteriormente, na Lei de Diretrizes e Bases da Educação Nacional (LDBN 9394/96). Anterior a este período, o tema criança é começa a ser discutido substancialmente em termos de estudos e teorias e passa a ter visibilidade nos termos da Lei – Art. 208[22] (BRASIL, 1988).

Ao pensar sobre a criança, a partir de tal perspectiva, somos moldados de acordo com as experiências de cada momento. Assim, chego a uma concepção que parece indicar um solo para refletir; mais do que o ser criança, pensar sobre o que fazer com elas no contexto educativo. Esta visão perpassa as Diretrizes Curriculares Nacionais para a Educação Infantil (DNCEI)[23], apresentando e concebendo a criança com uma visão mais contemporânea, como:

---

[22] Esta temática será aprofundada nos próximos tópicos.

[23] As Diretrizes Curriculares Nacionais para a Educação Infantil é um documento que foi lançado pelo Ministério da Educação em 2010 e viabilizou às creches e pré-escolas o planejamento da atividades através de um currículo específico para essa faixa etária.

> Sujeito histórico e de direitos que, nas interações, relações e práticas cotidianas que vivencia, constrói sua identidade pessoal e coletiva, brinca, imagina, fantasia, deseja, aprende, observa, experimenta, narra, questiona e constrói sentidos sobre a natureza e a sociedade, produzindo cultura (BRASIL, 2010c, p. 12).

Ao compreender a criança como um sujeito histórico, propicio outros olhares sobre esse sujeito – que não é um adulto em miniatura, mas que também parece não possuir uma identidade própria. Ao participar do mundo simbólico do adulto, nas experiências e na construção dos sentidos, a criança pequena se apropria de uma cultura ainda adultocêntrica. Para Oliveira (2012), "[...] na interação contínua e estável com outros seres humanos, a criança desenvolve todo um repertório de habilidades ditas humanas" (p. 42). Nesse viés, seria possível definir o que é a infância? – narrativas 5 e 6:

> Hoje, eu acho que a infância ta mais dentro da escola. Porque é lá que a gente tem oportunizado mais que eles vivenciem isso né. [...] assim eu tenho 32 anos então quando eu era criança a minha infância não era só na escola, era na rua, era no quintal de casa a gente tinha uma facilidade né disso. Mas hoje é difícil né. (Professora 2, informação verbal)

> Então... infância... eu não acho que é a mesma coisa porque infância é aquilo que você passa, que você realiza, sabe? [..] E tem criança que não tem infância, então não é a mesma coisa. Tem bastante criança que é criança ainda pela idade. Eu acho que ser criança... você sabe quando é criança pela idade dela porque muitas crianças não conseguem ter uma infância, então eu não acho que é a mesma coisa. (Professora 1, informação verbal)

É possível observar nas duas narrativas (5 e 6) das professoras as definições de infância como atreladas à relação da criança na interação com o meio e com as outras crianças. Essa definição se aproxima da Sociologia da Infância ao conceituá-la como condição social de ser criança. Tal condição, já discorrida anteriormente, coloca a criança em situação de membro da sociedade, como cidadã que possui seus direitos e que influencia o ambiente onde vive.

A partir do questionamento sobre criança e infância reflito sobre a fronteira e a complexidade[24] que parecem existir nas concepções de infância e o que fazer com as crianças pequenas, para que de fato sejam vistas como produtoras de cultura, conforme menciona as DCNEI (2010). Na narrativa de outras duas professoras, é possível influir que ainda há divergências no pensamento e na diferenciação do ser criança e infância. Nos relatos a seguir, acerca da concepção de infância, observo as nuances das falas das professoras 1 e 2 – narrativas 7 e 8:

> A infância é um momento mais importante da nossa vida. A infância começa a partir do momento que eu sai da barriga da minha mãe até... hoje em dia, vamos dizer, os doze anos. (Professora 5, informação verbal)

> A infância pra mim é um período né de questão de idade, da faixa etária. Mas a criança não, a criança pra mim é algo diferente mesmo, é você falar do próprio ser. (Professora 4, informação verbal)

Larrosa (2003), ao discorrer sobre a infância como um enigma, destaca que a criança ainda é um ser *desconhecido*, ou seja, pensamos e estudamos sobre elas, mas, ainda não sabemos de fato o que são. Há inúmeras teorias, estudos e práticas sobre a infância que se desdobram em outras possibilidades de investigação.

> Não obstante, e ao mesmo tempo, a infância é um outro: aquilo que, sempre além de qualquer tentativa de captura, inquieta a segurança de nossos saberes, questiona o poder das nossas práticas e abre um vazio em que se abisma o edifício bem construído de nossas instituições de acolhimento (LARROSA, 2003, p. 184).

---

[24] O termo "complexidade" é compreendido a partir da visão de Edgar Morin (2015b), e será aprofundado nos próximos capítulos.

Entendendo, assim, a infância como um outro que não conseguimos alcançar em nossa objetivação, Larrosa (2003) suscita a reflexão a partir desse vazio. O que seria então o vazio? Este espaço aberto, entre o que é a criança e as nossas convicções adultocêntricas, permite pressupor uma fronteira que dispõe diferentes olhares. Para o autor, este espaço é a alteridade da infância, o que representa a diferença entre nós e as crianças, "[...] a absoluta heterogeneidade em relação a nós e ao nosso mundo, sua absoluta diferença" (LARROSA, 2003, p. 185).

Nesse viés da alteridade da infância, me permito abrir espaço para retomar minhas experiências, na perspectiva de Larrosa (2003), como professora de crianças pequenas na creche:

> Recordo-me de apresentar à minha turma de dois anos um filhote de tartaruga. Fui preparada para a possibilidade do medo das crianças em ver este animal, pois não tinham ainda vivido a experiência de tocar e ver de perto esse animal. Ao abrir a caixa e retirar a tartaruga, as crianças queriam colocar a mão, queriam puxar as pernas da tartaruga e ficaram muito entusiasmadas em poder colocar a mão naquele animal. Quando coloquei a tartaruga no chão, elas queriam puxar a cabeça da tartaruga, pois ficaram curiosas com a cabeça que se escondia dentro do casco. Foi um dia de descobertas para mim e para as crianças... (a autora)

A Figura 1 apresenta o momento da atividade descrita acima:

Figura 1 – Desenvolvimento de atividade (tartaruga)[25]

Fonte: a autora

Alcançar as conceituações do que representa o outro, a partir dos diferentes vislumbres, pode implicar, como menciona Silva (2005), olhar o outro (infância) como não passível de aprisionamento. Essa forma de conceber a infância transfere a concepção para algo que não se conceitualiza, deixando de ser possível colocá-las (crianças) em uma "caixa" e ir retirando "[...] as supostas certezas que temos" (SILVA, 2005, p. 109). Na perspectiva de deixar de querer olhar o novo, o que não conhecemos, talvez faça com que acabamos por conceitualizar as crianças ainda como o ser da falta, do *de vir* (vir a ser, vir a desenvolver).

Na busca da compreensão de quem são as crianças e a infância, os trabalhos da pós-modernidade e da contemporaneidade parecem seguir na construção do olhar do outro como afirma Silva (2005):

> [...] observando quem ela é, que não é nem anjo nem demônio, nem tabula rasa nem natureza pura, e sim um ser humano que possui um corpo, uma histó-

---

[25] Nesse contexto, eu era professora de uma turma de dois anos de idade de uma creche municipal no Rio de Janeiro e estava desenvolvendo a atividade da tartaruga.

ria...Um olhar a partir dela e não para ou sobre ela, onde seja escutada, onde possa falar, onde possa ser reconhecida como sujeito da e na História, produto e produtora de cultura (SILVA, 2005, p. 109-110).

Na observância desse ser que agora parece ser compreendido como produtor de cultura, novas pesquisas sobre a existência de uma cultura infantil e de culturas infantis foram e estão sendo realizadas. Alguns desses estudos se organizam a partir das observações das crianças nas creches e pré-escolas, como nos inspira a pesquisa de Prado e Martins Filho (2011); Sarmento (2003). Esses pesquisadores da infância e outros têm destacado as culturas infantis a partir das vozes das próprias crianças como atores sociais que apresentam um fazer cultural próprio. Tais estudos buscam comunicar "a complexidade das infâncias instigando-nos a investir nos saberes das próprias crianças [...] para destacar um conjunto de peculiaridades positivas que diferem as crianças dos adultos" (PRADO; MARTINS FILHO, 2011. p. 2). As crianças, a partir dessas concepções, são analisadas em seus contextos educativos onde elas podem construir suas percepções na interação com outras crianças.

Ao ser questionada sobre as culturas da infância, a professora 4 nos apresenta o seguinte relato – narrativa 9:

> Eu acho que eles têm algo que é próprio deles, mas aquilo você oferece algo que vai trazer um conhecimento, vai trazer uma vivência então muitas vezes ele traz a vivência da casa dele e vai transmitir aqui durante as brincadeiras com o outro, vai aprender no convívio, vai aprender outras coisas ali naqueles momentos deles durante a brincadeira. (Professora 4, informação verbal)

O desafio proposto nessas investigações para o "mundo" adulto é olhar para as crianças nas suas formas de criar e recriar possibilidades de existência e de convivência na sociedade com um fazer próprio de criança. Esse olhar não pressupõe um viés superficial de tangibilidade, mas a sensibilidade de perceber que suas falas, brincadeiras, interações podem se construir a partir de sua própria realidade e percepção dessa realidade enquanto criança, como relata a professora 4. Na sua visão, a criança tem uma cultura própria que foi sendo construída nas interações com a família e com outras crianças "[...] as culturas infantis são profundamente interativas: estar com os outros, partilhar experiências e saberes, comunicar para além de tudo o que separa é uma condição central da afirmação das crianças como sujeitos" (SARMENTO, 2013, p. 41).

Neste prisma das culturas da infância partilho desse conceito com Sarmento (2004), em que a criança vive envolta na cultura do adulto, mas que tem modos de significações que lhes são próprios e que são construídos por elas. Essas interações e construção as colocam na posição de sujeitos da cultura, ou que Sarmento (2003) chama de posição *societal*. Elas podem estar em qualquer país, estado, cidade e vão construir formas próprias de visão do mundo e da sociedade. Nas inspirações do autor:

> As culturas da infância exprimem a cultura societal em que se inserem, mas fazem-no de modo distinto das culturas adultas, ao mesmo tempo que veiculam formas especificamente infantis de inteligibilidade, representação e simbolização do mundo (SARMENTO, 2004, p. 12).

No momento que me reporto aos relatos das professoras sobre as culturas da infância, percebo nas narrativas seguintes (10 e 11) uma concepção diferenciada. As entrevistadas compreendem que a criança é produtora de cultura, porém na perspectiva de que essas experiências infantis dependem do espaço-tempo em que vivem. Suas falas parecem indicar a percepção do adulto sobre cultura, como um aspecto referente ao ambiente em que vive, e não a partir da visão da criança como nos propõe a Sociologia da Infância, de uma cultura com características específicas, independentemente do local – Narrativas 10 e 11:

> Porque as culturas são diferentes, então tem coisas que a gente vive aqui no Brasil, um exemplo, e que nos Estados Unidos não vive porque a cultura lá é outra né. Dentro da escola, se vê vários tipos

de professor vai, um é Estados Unidos, outro é o Brasil, um é a França... vamos colocar assim e que cada um acaba fazendo da sua sala de aula aquilo que ela acredita, entendeu? Então por isso que eu acho que a minha sala de aula, nesse momento, é a cultura pra eles. (Professora 1, Informação verbal)

Eu acho que tem uma cultura da infância sim. Eu acho que todos os lugares constroem essa cultura da infância né, quando a criança ela não é tolida desse direito (ser criança) ela é em todos os lugares, ela tem o direito de ser criança em casa, na rua, na escola né, na família, mas desde que ela tenha esse direito a viver a infância no momento da vida dela. (Professora 3, Informação verbal)

As narrativas anteriores (10 e 11) indicam uma compreensão de cultura que parece ser do senso comum. Todos podem apresentar esta visão, porém o que a Sociologia da Infância tem estudado é que, para a criança, essas culturas possuem um fazer específico. As crianças, mesmo bem pequenas, ressignificam suas experiências a partir do seu contexto. Nesse entendimento, essa abordagem considera que existem traços distintos nas culturas infantis, mas que nos encontros as crianças repetem suas brincadeiras e a cada contexto vão atribuindo novos significados.

As culturas infantis emergem, prioritariamente, no convívio dos pequenos e permanentes grupos de crianças, sejam de irmãos, amigos do bairro ou colegas de escola, com os quais as crianças realizam atividades em comum. Nesses encontros, as crianças repetem suas brincadeiras, repetições que sempre se diferenciam, pois os contextos transformam--se e, assim, reiteram suas conquistas. (BARBOSA, 2014, p. 663)

Quando especifico a criança pequena, que talvez não tenha desenvolvido a oralidade, parece existir um temor ainda mais evidente ao dar visibilidade a esses seres tão pequenos que se comunicam com formas corporais, sensoriais e expressivas (GOLDSCHMIED;

JACKSON, 2006). Em alguns momentos, emergia em mim o questionamento sobre como podem ser construtores de suas histórias se não verbalizam e ainda não têm nível de consciência suficiente para expressar sua relação com o outro. Prado (2009) e a Sociologia da Infância se apresentaram neste momento como um acalento a resposta a esse questionamento, ao discutir essas possibilidades de atuação social das crianças pequenas quando observou as interações e as brincadeiras das crianças no cotidiano da creche. Para a pesquisadora das infâncias Prado (2009), as expressões corporais dos bebês representavam "novas dimensões", ou seja, uma representação do mundo adulto, mas que recriava e reinventava a partir da sua percepção.

Ao refletir sobre a concepção de infância, especificamente da criança pequena, percebo o entrelaçamento entre o que a criança traz consigo, suas vivências primeiras, com os novos significados e processos de apropriação de cultura que a educação infantil possibilita. Ao que parece, a meta curricular nacional pressupõe essa visão de infância contextualizada e com um espaço de intencionalidade educativa visando possibilidades de interações necessárias ao desenvolvimento da criança. Especialmente nas DCNEI (2010) e, posteriormente na BNCC (2017)[26], encontra-se essa atenção em propor atividades e aprendizagens nas diferentes áreas valorizando o período de desenvolvimento da criança e seu contexto que está para além da escola.

As práticas educativas, segundo Oliveira (2014) envolvem essa intencionalidade e um impacto de qualidade ocorre por meio das relações sociais que são estabelecidas entre a criança e o professor e entre as crianças. Para a especialista em educação infantil, a "[...] medida que o grupo de crianças interage, são construídas culturas infantis e a identidade de cada criança" (OLIVEIRA, 2014, p. 190).

---

[26] "No dia 22 de dezembro de 2017 foi publicada a Resolução CNE/CP n° 2, que institui e orienta a implantação da Base Nacional Comum Curricular (BNCC) a ser respeitada obrigatoriamente ao longo das etapas e respectivas modalidades no âmbito da Educação Básica. Lembrando que a BNCC aprovada se refere à Educação Infantil e ao Ensino Fundamental." BRASIL. *Base Nacional Comum Curricular*. 2017. Disponível em http://portal.mec.gov.br/conselho-nacional-de-educacao/base-nacional-comum-curricular-bncc

A criança a qual me refiro nesta obra é esse ser produtor de cultura e que possui identidade própria.

Nesse processo de aprendizagem e interações, as expectativas geradas caminham no sentido da promoção do trabalho pedagógico que percebe esse ser e procede nessa visão desde os primeiros meses de vida. Concordo com Oliveira (2014) em sua visão curricular, pois o cuidado com a criança pequena é considerá-la o centro do processo educativo. No educar cuidando e no cuidar educando garantimos (sociedade) o respeito e a atenção aos direitos delas expressos em Lei[27], e mais do que isso, reconhecemos sua individualidade na percepção de mundo que cada uma apresenta. A partir desses aspectos, para Oliveira (2014) o cotidiano da educação infantil deve organizar-se em consonância com as diversas esferas educativas:

- Os tempos de realização das atividades (ocasião, frequência, duração);

- Os espaços em que essas atividades transcorrem (o que inclui a estruturação dos espaços internos, externos de modo a favorecer as interações infantis na exploração que fazem do mundo);

- Os materiais disponíveis e, em especial;

- As maneiras de o professor exercer seu papel (organizando o ambiente, ouvindo as crianças, respondendo-lhes de determinada maneira, oferecendo-lhe materiais, sugestões, apoio emocional, ou promovendo condições para a ocorrência de valiosas interações e brincadeiras criadas pelas crianças etc.). (OLIVEIRA, 2014, p. 193)

Ao questionar a professora 3 sobre sua participação nas vivências dessas culturas infantis no cotidiano da escola, ela relatou sua experiência com uma turma de educação infantil em que conseguiu

---

[27] BRASIL. *Estatuto da criança e* do adolescente: Lei n. 8.069, de 13 de julho de 1990, Lei n. 8.242, de 12 de outubro de 1991. 3ª ed. Brasília, Câmara dos Deputados, Coordenação de Publicações, 2001.

organizar uma biblioteca para as crianças, para que vivessem momentos de interação também nas leituras das histórias – narrativa 12:

> Eu me lembro que na última escola que eu dei aula, geralmente a escola de educação infantil não tem biblioteca, mas a gente conseguiu montar uma lá, o chão era de emborrachado e tinha um monte daqueles bichões sabe de pelúcia, aqui na prefeitura de São Bernardo todas as bibliotecas têm, então você leva sua turma pra uma biblioteca eles se deleitam, você vê criança deitada de barriga, é isso que eu falo no fundamental não pode, as bibliotecas são cadeiras, o que você faz? No infantil você vê as crianças lendo pros amigos, de barriguinha no chão, uma lendo, outra ta prestando atenção, outra ta folheando livro, então eu penso que até naquele momento você consegue trazer a ludicidade. (Professora 3, informação verbal)

Ao refletir sobre esse espaço de educação infantil, que muitas vezes é limitado pelas questões estruturais do ambiente, as contribuições de Rinaldi (2002) sobre a forma como se organiza um ambiente para bebês na perspectiva italiana, também me remete a uma concepção de infância que tem inspirado, ao longo dos anos, os estudos sobre o cotidiano da educação infantil no Brasil. Essa organização transparece as potencialidades dessas crianças de forma a agir no espaço preparado para elas. Tal questão me conduziu ao questionamento sobre qual será a ação do adulto para que essas crianças se sintam bem. Rinaldi (2002) afirma que:

> Quando você organiza uma creche, um espaço para as crianças, tendo essa imagem do que é uma criança, e acredita que a criança está lutando para elaborar relações com as outras crianças e com os outros sujeitos, professores e pais, é necessário organizar o espaço e o tempo de tal maneira que acolham não só as crianças, mas também suas famílias e os professores (RINALDI, 2002, p. 78).

O excerto reflete a forma como a abordagem Reggio Emilia[28] concebe essa imagem da criança a partir da preparação do ambiente. Tal abordagem apresenta em um dos seus escritos o exemplo, por meio de fotografias, de crianças observando sua imagem refletida em um pequeno espelho disposto em uma sala do ambiente escolar (*Idem*, p. 78). A Figura 2 elucida esse aspecto – crianças em uma escola de educação infantil em Reggio Emillia em que se observam diante de espelhos.

Figura 2 – Crianças da Educação infantil (experiência prática[29])

Fonte: Edwards, Gandini e Forman (1999, p. 78)

---

[28] Reggio Emilia é uma cidade italiana que desenvolveu uma abordagem diferenciada na prática com crianças pequenas em espaços educativos. A abordagem de Educação Infantil em Reggio Emilia foi construída historicamente com estudos e atuações pedagógicas de Lóris Malaguzzi (1920-1994), em cooperação com pais, mães, professores, professoras e crianças. Fundador da visão de Educação da cidade italiana, Malaguzzi apresenta que a escola nasce em um contexto próprio e específico, voltada para as crianças de maneira a serem protagonistas do processo de ensino e aprendizagem.

[29] A pesquisadora que nesse contexto era a professora de uma turma de dois anos de idade de uma creche municipal desenvolvendo a atividade da tartaruga.

Na Figura 2, as crianças interagem, fazendo gestos e expressões, demonstrando sua interação com a própria imagem naquele espelho. Essa forma de preparar um espaço voltado para uma criança ativa e desafiadora revela as raízes dessa abordagem. Reggio Emilia emergiu de uma época em que pensamentos e inovações voltados para a primeira infância estavam em pleno vapor em alguns países. Associadas a essas novas concepções, a Itália estava em intenso processo de transformações políticas, consequentemente, mudanças na área educacional.

Com o borbulhar de tais acontecimentos, a cidade de Reggio Emilia, por meio dos pais e alguns educadores, tomou providências em conjunto para uma melhor maneira de atender às crianças pequenas. Pensaram, dessa forma, em um espaço acolhedor e, ao mesmo tempo, educativo. Esse lugar deveria proporcionar experiências que refletissem uma criança ativa onde passaria o dia com mediadores. Esta reflexão do pensamento de Reggio, considerando um local de apoio a essa criança, também leva a refletir sobre um ambiente que promova a ação do adulto. No exemplo do espelho, o professor tem a possibilidade de intervir mostrando novas possibilidades para esse bebê. Um ambiente estático impede não somente a ação da criança como a do adulto, por isso os esforços se concentram em um espaço que dinamize experiências significativas para os dois lados (crianças e adultos).

As experiências da abordagem italiana para a infância nos permitiram à (res) significação[30] do que representa um ambiente que favoreça o bem estar e o envolvimento das crianças como seres que compreendem a si mesmas, interagem e comunicam-se de diferentes formas. No percurso da (res)significação das concepções de infância e os possíveis caminhos que direcionaram e tem conduzido as discussões sobre creche e infância, foram se constituindo em nosso país bases que legalizaram e institucionalizaram o atendimento às crianças pequenas a partir dessas fontes de concepções de infância.

---

[30] O termo (res)significação representa uma metáfora, nesse contexto, para enfatizar os novos significados que a educação infantil no Brasil vivenciou, também, inspirados na abordagem de Reggio Emilia.

Os caminhos que propomos nessas miradas das concepções de criança e de infância foram trilhados na intenção de problematizar as visões que as pessoas que atuam com as crianças pequenas possuem. Além da problemática das diferentes concepções e da discussão das culturas infantis, nos colocamos (professores e professoras) como atores nesse processo para destacar como nossas vivências também estão carregadas de uma visão de criança, que acaba por influenciar nossas práticas com elas. Com a reflexão de que lugar e de que concepção de criança me refiro nesta obra e na pesquisa realizada, me dispus a pensar sobre o que seriam, então, as (boas) práticas na creche – narrativa 13:

> Tem algumas coisas que eu permito que eles façam pra que tenham lembrança dessa infância. Muitos momentos assim... é por exemplo, a gente tem uma área externa maravilhosa na minha escola e aí então nós temos um gramado que é um morro e que eu já escorreguei lá várias vezes, então agora... lógico que como eu tenho um infantil três, eu preciso primeiro confiar neles pra isso né, saber que eles já tem autonomia...porque quando eles chegam na escola, tem uns que chegam nem andando direito, então parece que em casa a mãe faz tudo, então eles não tem aquela... agora nessa época do ano já tão bem... então eles escorregam ali. Assim, principalmente na sexta-feira eu gosto de deixar porque eles vão muito sujos pra casa. (Professora 1, informação verbal)

Apesar da narrativa 13 contemplar uma questão de permissividade ou não na visão do adulto – *eu permito que...* –, o relato demonstra um parecer da infância que se relaciona com as vivências das quais essa criança está exposta na creche ou na escola. Na proposta da prática educativa da Sociologia da Infância, a ação educativa deve promover a real autonomia das crianças e a subjetivação das mesmas (SARMENTO, 2013).

Por outra ótica, ao refletir sobre as práticas educativas será discutido no capítulo seguinte a questão da formação do professor para, assim, contextualizar a partir do lugar que cada professora entrevistada narra suas experiências. Além da discussão do processo formativo do professor, que parece prepará-los para a atuação com as crianças pequenas, será possível visualizar o espelho na perspectiva da crítica às questões de qualidade e (boas) práticas na creche.

O espelho reflete certo; só não erra porque não pensa.
(Fernando Pessoa)

2

REFLEXOS DO ESPELHO (2): AS NARRATIVAS E O CONCEITO DE (BOAS) PRÁTICAS

2.1 Mirar as narrativas e a formação dos docentes da creche

As práticas na creche perpassam além de leis e orientações para a estrutura e o funcionamento das unidades, para a formação do(a) professor (a) e para sua atuação no cotidiano das creches. Essa formação é compreendida, neste livro, a partir da construção histórico-social, e nesse sentido, a atividade formativa parece estar em constante mudança devido às demandas de cada momento histórico no processo educacional.

As vias de formação desse profissional estão vinculadas à formação do(a) professor(a) de educação básica. A educação infantil está inclusa no programa de educação básica do Ministério da Educação e na legislação (BRASIL, 1996). Entretanto, quando analisamos a formação dos(as) professores(as) de educação infantil é necessário lançar olhares criteriosos e cuidadosos.

A formação de professores(as) parece apresentar fragilidades no que toca à formação integral desse profissional, pois a realidade que enfrenta ao sair da universidade é instigante e viva, ou seja, os textos estudados e as palavras ditas no campo acadêmico saltam para uma dinamicidade específica de cada contexto. A responsabilidade não está somente com a interiorização e a assimilação do conhecimento, mas com sujeitos históricos, com a estrutura institucional, experiências de trocas e valores, ética etc.

> É importante considerar que o professor não está pronto quando termina o curso de formação docente. No exercício profissional, as diferentes situações vivenciais que a condição de ser professor exigirá vão requerer dele referências existenciais para todos os envolvidos no processo educacional, a começar pela compreensão de si mesmo: olhar para si e compreender-se educador, inserido em determinado contexto sociocultural. (GOMES, 2009, p. 40)

A compreensão de si, como educador(a) e como sujeito, pode indicar um saber anterior que poderíamos definir como o saber docente destacado nos estudos de Tardif (2008). Segundo o autor, os(as) professores(as) ocupam a posição, que neste livro chamamos de *fronteira*, entre a dinâmica da sociedade e os saberes que elas produzem. Neste sentido, os(as) docentes vivenciam o processo de produção dos saberes sociais e os processos sociais de formação que se complementam. O(A) professor(a) apresenta, nesse viés, traços de um saber plural que envolve a dinamicidade do processo educativo se apropriando não somente de saberes técnicos e científicos da docência, mas constituem seres que "[...] mobilizam diversos saberes" (TARDIF, 2008, p. 37).

No processo da mobilização dos saberes ou na *fronteira* existente da práxis há um questionamento do sentimento de pertença como educador(a). Se os(as) professores(as) são sujeitos de sua história e de conhecimento produzindo saberes, necessitariam, portanto, assumir a docência como componente integrante da sua vida. Os estudos de Tardif (2008) também destacam essa premissa ao ressaltar que na formação dos(as) professores(as) é percebida a dificuldade destes em se reconhecer com competência para o ofício e na autoria da sua própria formação. O(A) educador(a) deveria ser autor(a) do seu processo de formação, porém, segundo Tardif (2008), essa autoria não é valorizada devido à falta de internalização da importância do processo de formação e a postura de reconhecimento desse futuro profissional como professor(a).

(BOAS) PRÁTICAS NA CRECHE: MIRADAS EMERGENTES SOBRE A CRIANÇA E A INFÂNCIA

Ao serem questionadas sobre seus processos de formação, as professoras 2 e 3 relataram que sempre tiveram o desejo de serem professoras, porém, percebem que o magistério não era suficiente, apesar do curso focar mais nas questões didáticas (como elas mesmas apresentaram). Elas ressaltam as diferenças do magistério e o curso de pedagogia, principalmente, sobre os estudos da educação infantil – narrativas 14 e 15:

> Eu acho que sempre quis. Eu nunca me vi fazendo nada que não fosse ser professora desde novinha [...]. Fazendo hoje a pedagogia (se referindo ao PARFOR) eu vejo muita diferença, muita do curso de pedagogia para o magistério. O magistério era muito técnico mesmo. A gente tinha aula de era... de matérias específicas então era conhecimentos específicos em matemática, conhecimentos específicos em língua portuguesa, ciências, em história de como e prática de como aplicar em sala de aula esses conteúdos né. Então assim, eles no magistério também, uma crítica que eu faço, era mais voltado para o fundamental do que para educação infantil. (Professora 2, informação verbal)

> Então eu sempre tive vontade de ser professora, eu sempre tive essa ligação com ensinar, aprender essas coisas assim [...]. As coisas que me passaram naquela época não tiveram o peso que hoje tem, as coisas que eu to vendo né. Tanto é que hoje eu conheço um novo Paulo Freire [...] então eu penso que o curso era muito bom, aprendi muita coisa, mas era muito ligado a didática, a didática da sala de aula, vamos aprender a preencher um diário, você entende?! (Professora 3, Informação verbal)

Ao relacionar essa falta de identidade docente com o(a) professor(a) da educação infantil, sendo esta compreendida como espaço de educação e cuidado, como é definida atualmente por diferentes autores e pelos próprios documentos para a infância, parece que esse profissional necessitaria assumir o perfil do(a) educador(a) e cuidador(a) na sua atividade docente, ou seja, um(a) educador(a) que tenha o cuidar e o educar atrelados em sua formação e que as práticas demonstrem essa relação. Portanto, sua formação não poderia, como afirma Gomes (2009), voltar-se somente para o acúmulo de informações sendo necessário pressupor a formação integral desse(a) educador(a). Ainda Weiss (2012) enfatiza que essa formação precisa "[...] incluir atenção ao corpo, aos sentimentos, às emoções, à fala, à arte, o canto, o conto e o encanto" (p. 130)

Não se constitui objetivo desta obra apresentar o que seria um(a) (bom/a) professor(a) de educação infantil, porém um(a) professor(a) que busca a formação integral da criança e a sua formação como sujeito pode apresentar algumas possíveis características. Garanhani (2010) contribui para esta reflexão ao apontar quatro dimensões que podem caracterizar a docência na educação infantil: o(a) professor(a) como *analista simbólico, profissional da relação, artesão e construtor de sentido*.

O *analista simbólico* é definido pela autora como aquele(a) docente que analisa o contexto sociocultural no qual aquele grupo de crianças está inserido e, a partir dessa análise, seleciona as práticas e saberes que serão desenvolvidos com aquele grupo. A professora 5 (narrativa seguinte) parece apresentar traços desse(a) analista simbólico ao relatar que baseia sua prática na questão da interação e da afetividade, pois o seu grupo de crianças vive em um contexto no qual é necessário estimular os laços afetivos e a interação com os colegas da turma – narrativa 16.

> [...] minha teoria é Vygotsky e Wallon. Todas as minhas bases é eles.... porque assim Piaget, eu respeito muito ele é lógico, mas eu sou Vygotsky e Walllon, porque acho que na educação infantil a afetividade ta muito ligado e Vygotsky nas interações e Wallon prega isso afetividade e eu sou muito afetiva com as crianças, tenho muita ligação e afetividade. (Professora 5, informação verbal)

No que se refere ao *profissional da relação*, esse(a) professor(a) é compreendido como aquele(a) que entende "[...] que toda criança tem um corpo e uma história que se relaciona com a movimentação de seu corpo e com sua história pessoal" (GARANHANI, 2010, p.

194). Um exemplo desse profissional da relação aparece no relato da professora 1 ao ser questionada sobre a influência do seu processo formativo na prática com as crianças – narrativa 17:

> Eu acredito que é aquela coisa de... de você nascer pra aquilo. Porque eu vejo muita gente com muita teoria, mas na prática... dentro da própria escola, você fala meu Deus o quê que ela ta fazendo aqui, porque não tem vínculo com as crianças, você percebe que não tem jeito de controlar, de fazer, de criar, porque eles requerem a todo tempo que você cria...a todo tempo. Você não consegue ser a mesma professora todos os dias, eu não consigo ser a mesma todos os dias. Exigem muito de você, né. Ficar sentada e só olhando, é impossível. (Professora 1, informação verbal)

O relato da professora expressa como ela compreende a criança e como deve ser, na sua visão, a relação do(a) professor(a) com as crianças na creche. Ao reforçar a questão do vínculo e a necessidade de ser dinâmica no cotidiano com as crianças denota que, para ela, o(a) professor(a) precisa ter esse olhar do profissional da relação. Um olhar cuidadoso que não se concretiza de forma estática, mas que se transforma a cada dia com as histórias e as diferentes demandas das próprias crianças.

Na perspectiva do *artesão*, o autor sugere que na educação infantil o(a) professor(a) precisa ser "inventor de práticas". Esse(a) educador(a) constrói uma relação entre os saberes provenientes de sua cultura com os elementos da cultura infantil e inventa ou reinventa novas práticas. A professora 4 que atua com uma turma de creche, pode ser apresentada na esfera do(a) artesão(ã) ao relatar sua experiência com o projeto desenvolvido com esta turma. Ela reinventou suas práticas a partir do contexto daquela faixa etária – narrativa 18.

> [...] esse ano a gente é a gente trabalhou folclore, ele é o projeto da escola, mas separado a gente viu assim, por exemplo, essa faixa etária da nossa sala são muito novos esse ano. Eles estão completando dois anos agora em novembro, então realmente é uma turma

> bem novinha... é o berçário II no final né, então o que
> a gente pensou e vendo por eles... ah é a questão de
> brinquedo, de brinquedo com eles, brincadeiras sabe,
> foi que a gente...nosso projeto da sala, na verdade
> nem foi um projeto foi mais uma sequência, sabe.
> Quando a gente utilizava brinquedos, a gente fez
> brinquedos, mas também relacionado pro folclore...
> bilboquê.... e a gente trabalhou esses brinquedos e
> brincadeiras né, as tradicionais e eu acho que deu
> bem certo. (Professora 4, informação verbal).

Nota-se, assim, que a narrativa 18 revela, também, um profissional que se caracteriza como *construtor de sentidos*. Esse se propõe a não transmitir informação, mas a proporcionar sentido às propostas que as crianças trazem e ao que é construído junto com o grupo. Os brinquedos e brincadeiras na narrativa destacada se apresentam como marcas dessa faixa etária. Esse tema particular não faz parte do escopo deste estudo, porém o relato demonstra que a professora fez uso dessa marca e deu significado ao projeto que estava sendo desenvolvido com a turma.

A interação das quatro dimensões na docência pode ser um caminho para refletir o que significa atuar na educação infantil. Entretanto, ressalto com substância, a dinamicidade que envolve o educar e o cuidar com as crianças pequenas. Apenas definir o formato dessa docência, talvez, não constituiria uma educação infantil de qualidade, pois educar na infância demanda diferentes fatores e determinantes.

As características apresentadas por Garanhani (2010) nos remetem às vivências das professoras entrevistadas, porém podemos problematizar a *verdade* revelada por esse espelho. As professoras podem, na prática, se apropriar das teorias aprendidas e desenvolvê--las com as turmas em que atuam. Tal questão poderia pressupor que a formação que tiveram proporcionou essa possibilidade de relacionar as especificidades da criança pequena com a prática vivenciada no cotidiano da creche. Como destacado no início deste tópico, a formação de professores(as) é organizada de acordo com os momentos históricos que vivenciamos. As três professoras entrevistadas faziam (na época da pesquisa) seu curso de formação superior (Pedagogia) em um novo contexto de formação de professores (PARFOR) e todas as três reforçam que este curso mudou sua forma de ver a criança e as práticas na creche/escola.

O PARFOR[31] é um programa do Ministério da Educação que oferece curso de Pedagogia e outras licenciaturas para professores(as) que já atuam nas escolas. Esse programa foi organizado em caráter emergencial para oferecer o nível superior à professores(as) que tinham somente o magistério ou outra licenciatura na qual estava atuando. Nessa nova organização de formação, as professoras entrevistadas (alunas) ressaltam que – narrativas 19, 20 e 21:

> Eu to gostando muito né. A impressão que eu tenho é que eu fiquei, pra essa parte teórica, de aprendizagem, parece que você fica um tempo adormecida né [...] Mas...eu acho que tem me acrescentado bastante tem me feito pensar bastante sabe, algumas é...alguns métodos de como a gente usa, de como a gente faz... tem acrescentado bastante. Eu acho que abre bastante né um leque. (Professora 1, informação verbal)

> Fazendo hoje a pedagogia (se referindo ao PARFOR) eu vejo muita diferença, muita do curso de pedagogia para o magistério [...] A maior diferença que eu vejo do tempo que estudei do magistério pra hoje é que a gente ta vendo a criança de um jeito diferente [...] Aqui na faculdade (se referindo ao PARFOR) eu já vejo um olhar diferente pra criança, a criança como um ser sempre em movimento, sempre curioso e tudo e era um olhar que a gente não tinha né e na escola em que eu trabalho a gente tem esse olhar, acho que é por isso que eu tava tão conflituosa assim com o que sabia e com o que eu tava fazendo com minha prática. (Professora 2, informação verbal)

> Ai... sem comentários né. Meu Deus do céu, eu falo que eu me deleito. É tem sido... é muito puxado né, como eu acabei de falar, eu trabalho 60 horas

---

[31] Mais informações sobre o PARFOR encontram-se no link: <http://www.capes.gov.br/educacao-basica/parfor>.

> semanais, mas estar aqui (PARFOR) de quinta, sexta
> e sábado o dia todo é prazeroso é outra cabeça [...]
> Eu falo que o curso ele...ele me trouxe o empode-
> ramento por meio da teoria, porque hoje eu tenho
> uma visão de concepção [...] quando você tem uma
> clareza de concepção de teoria é outro esquema,
> é outra coisa e é aquilo que eu sempre falo aqui,
> hoje eu tenho coragem de dar minha cara a tapa...
> (Professora 3, informação verbal)

Ao olhar para a outra *verdade* do espelho da formação atual do(a) professor(a) da educação infantil, no contexto educacional brasileiro, visualiza-se a fronteira entre as dimensões apresentadas pela autora (GARANHANI, 2010) e os currículos de formação dos cursos de Pedagogia no Brasil. Esses parecem compor uma formação generalizada e um currículo focado em questões teóricas da educação que não se relacionam com o sujeito e com a prática do cotidiano, como ressalta Gatti (2011) em seus estudos sobre os currículos do curso de Pedagogia. O(A) professor(a) da educação infantil atualmente forma-se como pedagogo(a), que pode atuar nas diferentes esferas da educação básica e existem alguns cursos que já apresentam uma proposta de formação em três anos. A reflexão, neste contexto, perpassa o que ocorre na *fronteira* entre a proposta de formação integral da criança, como destaca a Lei de Diretrizes e Bases da Educação Nacional (LDBN), e a fragilidade existente na formação do(a) educador(a). Essa fragilidade é contemplada por Gatti (2011) incluindo a abstração nas ementas das disciplinas do curso de pedagogia. "As ementas sugerem que essa formação é feita de maneira ainda muito insuficiente, em virtude do grande desequilíbrio entre teorias e práticas, favorecendo apenas as teorizações mais abstratas" (GATTI, 2011, p. 80).

Em momento anterior aos estudos de Gatti (2011) e Rossetti-Ferreira (2001) já se propunha que os(as) alunos(as) dos cursos de formação poderiam ter um espaço de socialização, de trocas e de encontros que lhes permitissem criar e produzir condições para vivenciar curiosidade criativa e inserção na cultura científica, pela apropriação da cultura mundial e do grupo social ao qual pertenciam, com oportunidades para a construção de uma identidade nas esferas pessoal e profissional. Nessa mirada da *verdade* na formação de professores(as), ao ser questionada sobre o que poderia melhorar nas creches a professora 4 enfatizou a necessidade da formação continuada para aprimorar as práticas em sala com as crianças pequenas – narrativa 22:

> Acho que a formação. A parte de formação porque a própria escola também, porque a gente a formação continuada né, a gente tem que sempre estar aprendendo. Você quando tem mais tempo, lógico que quando chega alguém mais novo se for uma pessoa aberta você vai passar sua prática né pra ele, como algo que... não como o professor seguir né, como um ensinamento, como uma experiência vamos dizer assim né. (Professora 4, informação verbal)

Identifico, nesse sentido, a existência de tensões no campo da formação de professores(as). Capturamos olhares que indicam uma formação que contempla as necessidades da prática e outros que criticam o processo formativo, destacando que esse não proporciona um olhar diferenciado sobre a prática com as crianças pequenas. É perceptível, em todos os relatos, a diferença entre o magistério e o curso de Pedagogia, porém, em relação aos cursos de Pedagogia ainda há tensões há serem discutidas e problematizadas. Esta obra não foca nessas diferenças; contudo, vale ressaltar que em uma publicação, Kramer (2002) problematizava a formação do(a) professor(a) da educação infantil nas questões, políticas, sociais e culturais, apresentando que existiam fragilidades na concretização das ações locais dos(as) professores(as) nas creches e pré-escolas. A autora destacou a necessidade de que o(a) professor(a) deveria "[...] reconhecer as características da infância" (KRAMER, 2002, p. 129) e que as políticas de formação focassem nessa proposta de ter profissionais que tenham um olhar sobre as particularidades da infância.

Alerta-se para o fato de que, ao incluírem as instituições de atendimento a crianças de 0 a 6 anos no campo da educação, defende-se, sobretudo, uma concepção de educação infantil que valoriza o cuidar/educar de modo integrado. As brincadeiras espontâneas e a criatividade, a flexibilização das rotinas e dos horários de atendimento, a participação dos pais e responsáveis, e o respeito à diversidade local integrados à formação do(a) professor(a) que requer tanto a formação inicial como a continuada podem sensibilizar essa educação integral. Nessa perspectiva, Kishimoto (2002), também apresentou a dificuldade no olhar para a formação integral do(a) professor(a) da educação infantil, no momento em que este(a) tem no seu currículo os conteúdos fragmentados, que não contemplam o olhar do conjunto.

> Como levar o profissional a compreender que a criança pequena aprende de modo integrado, se ofereço conteúdos que não tratam da epistemologia desses conhecimentos? Se a criança constrói conhecimento explorando o ambiente de forma integrada, a formação do profissional deveria passar por processos similares para facilitar a compreensão do processo de construção do conhecimento. (KISHIMOTO, 2002, p. 109)

Para além da fragilidade na formação, parece existir um processo de construção da identidade desse profissional e de sua valorização na educação das crianças pequenas. Em termos constitucionais e legais, o magistério público encontra-se assegurado com planos de carreira, inclusive valorizando tempos de estudos incluídos na carga de trabalho – Art.67[32] (LDBN, 1996.). Porém, a lacuna entre as garantias nesta construção identitária e a organização do trabalho em cada unidade e em cada região do país deixa aberturas para questionar a concretização desses esforços legais nas diferentes realidades educativas. A pesquisa realizada por Vieira (2013) sobre as condições de trabalho dos(as) professores(as) de educação infantil nas creches e pré-escolas de alguns municípios no Brasil corrobora com a existência dessa lacuna. Os elementos comuns identificados

---

[32] O Art. 67 da LDBN (9394/96) estabelece que: "Os sistemas de ensino promoverão a valorização dos profissionais da educação, assegurando-lhes, inclusive nos termos dos estatutos e dos planos de carreira do magistério público [...]" (p. 102).

nos estudos incluíram baixa remuneração, sobrecarga de trabalho, plano de carreira precário, infraestrutura inadequada da unidade educacional, recursos e materiais pedagógicos precários ou inexistentes, número elevado de crianças por turma com apenas um docente etc.

Existem as leis e diretrizes para orientar a valorização desse profissional, entretanto percebo as distâncias e nuanças de um processo dinâmico. Diante do cenário exposto, a organização dos municípios parece não ter conseguido garantir condições homogêneas, em que todos os municípios valorizem o tempo de formação continuada, proporcionem recursos pedagógicos na atuação do(a) professor(a) e outras condições de trabalho para uma atuação de qualidade na creche.

O espelho à nossa frente, até este momento, com as diferentes concepções de infância e as tensões na formação do(a) professor(a) de educação infantil, parece representar vias para pensar o que seriam as (boas) práticas na creche. Podemos compreender *a priori* que a temática em foco pode vincular-se à trajetória histórica em que foi se constituindo o pensamento educativo e formativo para a primeira infância. Evidenciamos um olhar de entrelaçamento entre o cuidar e o educar, uma atenção para essa criança como um sujeito de direitos, produtora de cultura e um espaço ainda tenso para o(a) professor(a) que perpassa a profissionalização no processo formativo.

2.2 Mirar as (boas) práticas e a qualidade na creche

Ao mirar o espelho histórico do atendimento em creches e pré-escolas, parece que esse apresenta um diferencial em relação aos outros segmentos, pois, constitui a primeira etapa da educação básica e a sua organização como atividade educativa institucional é ainda mais recente em relação ao ensino fundamental.

Segundo os estudos de Oliveira (2002), essa trajetória começa com a introdução da indústria moderna, período no qual as mães operárias tinham que deixar seus filhos pequenos com as chamadas "mães mercenárias" – essas vendiam seus serviços para abrigarem e cuidarem dos filhos dessas mulheres. Com o avanço da procura por essas "mães", a sociedade começou a se organizar em arranjos mais formais de serviço de atendimento às crianças pequenas. As "mães" não tinham um projeto instrucional, mas faziam atividades de bons hábitos de comportamento e internalização de regras. Com o passar dos anos, essas organizações foram incluídas no sistema de assistência social. Tal forma de organização perdurou com cunho assistencialista por vários anos. Apenas com a legislação (BRASIL, 1996) as creches e pré-escolas passaram para o âmbito da educação básica fornecida como um dever do Estado[33]. Somente de meados para o final do século XX, no Brasil, é que se começou a perceber a criança como ser único e com características infantis e não adulta[34].

A partir das mudanças legais, o debate da educação infantil voltou-se, segundo Oliveira (2002), para o discurso da autonomia das creches e pré-escolas na elaboração e desenvolvimento do seu projeto pedagógico e na necessidade de que esse projeto se comprometa com padrões de qualidade. A questão da qualidade na educação das crianças pequenas vem sendo discutida no Brasil, no âmbito das políticas educacionais, desde a Constituição Federal de 1988 (BRASIL, 1988). O Art. 208 da Constituição, inciso IV afirma que "o dever do Estado com a educação será efetivado mediante a garantia de: [...] atendimento em creche e pré-escola às crianças de zero a seis anos de idade". Ainda estabelece no seu Art. 206, inciso VII, que o ensino deve ser ministrado com "garantia de padrão de qualidade", como um dos indicadores também para as instituições de educação infantil. Assim, percebemos que a oferta de educação infantil começa a constituir uma obrigação do Estado, devendo ser oferecida com qualidade.

---

[33] A partir de 2006 a idade atendida nas creches e pré-escolas foi alterada com a Emenda Constitucional 53: "XXV - assistência gratuita aos filhos e dependentes desde o nascimento até 5 (cinco) anos de idade em creches e pré-escolas;" (Art.7).
Disponível em <http://www.planalto.gov.br/ccivil_03/constituicao/emendas/emc/emc53.htm>
[34] Essa temática já foi apontada no primeiro capítulo deste estudo, nas discussões sobre as concepções de infância (p. 23 e 24).

Com essa discussão, é possível problematizar o conceito de qualidade na creche que, também, se relaciona com o conceito de (boas) práticas. Moss (2002) apresenta uma reflexão sobre o conceito de qualidade no sentido de que qualidade não constitui uma palavra neutra. Na visão do autor, a palavra *qualidade* é carregada de valores, sendo um termo relativo, subjetivo e que é construído socialmente. Porém em suas inspirações, a sociedade a utiliza geralmente para medir e padronizar a partir de um conhecimento que não pode ser questionável.

> Isso porque qualidade está baseada na crença da existência de critérios definitivos, objetivos e universais. Na verdade, o problema da qualidade não é realmente um problema, se reconhecemos que não é um conceito neutro, mas localizado em uma tradição filosófica específica e produtos de forças históricas e econômicas específicas. (MOSS, 2002, p. 23)

Em contraste com a palavra *qualidade*, Moss (2002) trabalha com o conceito de "criar significados" para o trabalho pedagógico. Não pressupõe, portanto, fazer julgamento das práticas pedagógicas, se são de qualidade ou não, mas prioriza "tornar significativo o que está acontecendo" (p. 24). Nestes estudos, essa possibilidade de visualizar o significativo nas práticas é concretizada quando as instituições proporcionam o diálogo entre os pares, o confronto de ideias da realidade em que aquela instituição vive e o aprofundamento no entendimento da concepção de criança.

A visão de criar significados e não utilizar padrões de qualidade foi inspirada na experiência de Reggio Emilia[35] na Itália. O processo avaliativo dessa instituição está pautado na documentação pedagógica. Os(as) professores(as) registram as atividades das crianças, o que elas fazem e suas relações interpessoais com o(a) professor(a). A documentação é discutida e dialogada de acordo com a concepção de criança que as escolas de Reggio Emília têm e com a realidade na qual aquela instituição está imersa. Nesse sentido, a documentação pedagógica possibilita criar os significados e fazer avaliações sobre

---

[35] A abordagem de Reggio Emilia foi destacada no primeiro capítulo deste livro.

o que está acontecendo no processo educativo e nas relações entre crianças e professores(as).

Ressalto o pensamento de Moss (2002) acerca do conceito de qualidade na educação infantil, com o propósito de dialogar com o foco desta reflexão que são as (boas) práticas no trabalho com as crianças pequenas. Percebo nos relatos das professoras entrevistadas a preocupação com o que seriam (boas) práticas na creche na visão delas. Todas as professoras, ao serem questionadas sobre o que seriam as (boas) práticas com crianças pequenas relataram que tais práticas de qualidade precisam de refinamento para o olhar sobre a criança, sobre o que significa ser criança. Elas demonstraram a importância da intencionalidade na ação docente e que as atitudes fazem parte do processo reflexivo daquele grupo, e daquela realidade educativa. Destacamos na sequência três relatos que inspiram essa reflexão sobre as (boas) práticas – narrativas: 23, 24 e 25:

> [...] eu acho que começa ai e focar nessa liberdade da infância mesmo sabe, pensar em práticas na sala de aula que favoreçam que a criança seja criança [...] Então eu acho que uma prática ideal, talvez na minha humilde concepção é isso é focar no que é da infância, no que é da criança. (Professora 2, informação verbal

> [...] uma das coisas é você planejar em cima daquilo que sua sala de aula pede. [...] Eu não chego na minha sala de aula...ah deixa eu ver o que eu vou fazer hoje, não. Tudo é [...] a maioria das vezes né, tem uma intencionalidade. (Professora 1, informação verbal)

> [...] é aquela prática que valoriza a criança como ser humano. Que enxerga a criança como sujeito do seu aprendizado, então o que ela faz, a prática ideal cria possibilidade pra criança se desenvolver como ser humano. É aquela prática que cria possibilidade. (Professora 5, informação verbal)

O olhar para essa temática, no Brasil, foi se intensificando ao longo dos anos com o aumento da demanda na procura por creches. Nessa perspectiva, somente destacar que o ensino deveria garantir padrão de qualidade não foi suficiente diante das necessidades educacionais vigentes. A Lei de Diretrizes e Bases da Educação Nacional 9394/96 (LDBN) significou um grande avanço na garantia da universalização da educação infantil, que tinha como objetivo o desenvolvimento integral da criança, além de disponibilizar o investimento para a educação básica.

> Foi a articulação desses atores sociais, reforçada por movimentos que lutavam pelos direitos humanos de crianças e adolescentes, que conseguiu garantir, na nova Constituição Federal de 1988, a inclusão da Creche no sistema educacional, juntamente com a pré-escola, definindo a educação da criança de 0 a 6 anos como parte da primeira etapa da educação básica. A Lei de Diretrizes e Bases da Educação Nacional, promulgada em 1996, conservou essa estrutura e introduziu a meta da formação de professores no nível superior também para creches e pré-escolas aos municípios foi atribuída a principal responsabilidade pelo movimento de vagas destinadas a essa etapa da educação básica. (CAMPOS, 2013, p. 31)

A educação infantil, como etapa da educação básica, tem suas peculiaridades ao ser comparada com outros segmentos de ensino. Rosemberg (2014) destaca três características: a idade, o conceito e as mudanças na concepção de creche.

Ao analisar a Lei de Diretrizes e Bases da Educação (LDBEN, 1996/2013) seção II "Da Educação Infantil" do Capítulo II "Da Educação Básica" no Art. 30: "A Educação Infantil será oferecida em creches ou entidades equivalentes, para crianças de até três anos de idade; pré-escolas, para crianças de quatro e cinco anos de idade" (BRASIL, 1996). Rosemberg (2014) relaciona a conceituação de creche e pré-escola com a idade apresentada na Lei. A autora estabelece uma crítica quanto à visão de creche sendo oferecida até os três anos de idade, quando no contexto da realidade brasileira existem creches que atendem crianças acima dessa faixa etária.

No mesmo estudo sobre a trajetória da educação infantil, principalmente, no que tange à creche, Rosemberg (2014) evidencia um descuido na concepção de educação das crianças ao ser colocado na Lei que a educação infantil será oferecida em creches ou em entidades equivalentes. A expressão "entidades equivalentes" denota um resquício indesejável de outras formas de educação e cuidado para a criança de até três anos. Parece existir uma disparidade na consideração do que é educação na creche e educação na pré-escola. Ao olhar para a creche há uma "relutância em lhe dar visibilidade, de integrá-la plenamente ao sistema educacional..." (p. 182).

A abertura proposta na Lei permite que o atendimento às crianças pequenas seja oferecido também em caráter "domiciliar", ou seja, voltando às características assistencialistas que carregam a história da educação infantil. Parece, ainda, permanecer uma concepção velada das crianças pequenas que necessitam somente, de um espaço qualquer para serem protegidas e amparadas ou um ambiente ideologizado que considere o investimento nesta etapa da vida para que tenha um cidadão futuro que se espera.

Com a publicação das Diretrizes Curriculares Nacionais para a Educação Infantil (BRASIL, 2010c), houve uma tentativa de especificação nos termos do que propunha a LDBN (9.394/96) ao apresentar logo no início a definição de educação infantil como primeira etapa da educação básica caracterizando-se "[...] como espaços institucionais não domésticos que constituem estabelecimentos educacionais públicos ou privados que educam e cuidam de crianças de 0 a 5 anos de idade" (DCNEI, 2010, p. 12). Esse documento apesar de possuir caráter mandatório, uma resolução que busca orientar o atendimento curricular nas creches e pré-escolas, parece não garantir que, na prática, o atendimento seja realizado na concepção educativa, possibilitando aberturas para quais espaços devem ser atendidas as crianças e, portanto, um espelho de desafios que contém sustos e alegrias.

Apresentando alguns desses desafios à educação infantil em relação às diretrizes, Oliveira (2014) afirma que a oportunidade de se ter a educação infantil na educação básica apresenta novas formas de "planejar, organizar e avaliar o trabalho pedagógico" (p. 187). Segundo a autora, existe uma autonomia na formalização da educação infantil, pois tem garantida a possibilidade de estruturar sua prática pedagógica a partir das Diretrizes Curriculares Nacionais para a Educação Infantil. As Diretrizes apontam como objetivo básico da proposta pedagógica em:

> [...] garantir à criança acesso a processos de apropriação, renovação e articulação de conhecimentos e aprendizagens de diferentes linguagens, assim como o direito a proteção, à saúde, à liberdade, à confiança, ao respeito, à dignidade, à brincadeira, à convivência e a interação com outras crianças. (BRASIL, 2010c, p. 18).

À instituição, então, caberá a função de mediar as vivências e saberes das crianças com os conhecimentos da "cultura" da educação infantil.

Assim, ao refletir sobre os princípios educativos e espaços da educação infantil no Brasil, identificamos nos discursos a centralidade na criança quanto à proposta pedagógica, com foco nas experiências vivenciadas pelo cotidiano das creches e pré-escolas. De modo particular, foi publicado em 2006 o documento, *Política Nacional de Educação Infantil: pelo direito das crianças de zero a seis anos a educação* (BRASIL, 2006), que destacou o reconhecimento da educação infantil como parte do sistema educativo:

> Em razão de sua importância no processo de constituição do sujeito, a Educação Infantil em creches ou entidades equivalentes (crianças de 0 a 3 anos) e em pré-escolas (crianças de 4 a 6 anos) tem adquirido, atualmente, reconhecida importância como etapa inicial da Educação Básica e integrante dos sistemas de ensino. (p. 5)

Pensando, então, sobre a valorização dessa fase inicial da criança no aspecto educativo, este documento apresenta na seção que se destina aos objetivos, dois critérios que ressaltamos como relevantes. O primeiro assegura a qualidade do atendimento em instituições de educação infantil. O tema da qualidade foi problematizado anteriormente nesta obra, porém, mais uma vez, coloco essa questão em destaque, pois o documento ressalta que essa qualidade requer uma reflexão por parte da equipe da escola acerca da elaboração e da preparação do espaço em consonância com o atendimento às famílias envolvidas nesse ambiente. Assim, as crianças e os adultos também necessitam de um espaço que favoreça seu bem-estar e seu envolvimento.

O segundo critério consiste em garantir espaços físicos, equipamentos, brinquedos e materiais adequados nas instituições. Uma primeira pergunta que emerge tem relação com o sentido de espaço adequado. Segundo o documento dos Parâmetros Nacionais de Qualidade para a Educação Infantil (BRASIL, 2006b), um espaço e materiais adequados são aqueles que favorecem uma criança ativa e participante do processo de construção do indivíduo como sujeito. Logo, ter a garantia desses aspectos envolve seriedade no desenvolvimento do trabalho educativo, que não depende somente de uma intitulação dos órgãos que pensam a educação no Brasil.

No âmbito de metas, esse documento propôs:

> Divulgar, permanentemente, padrões mínimos de infraestrutura para o funcionamento adequado das instituições de Educação Infantil (creches e pré-escolas) públicas e privadas, que, respeitando as diversidades regionais, assegurem o atendimento das características das distintas faixas etárias e das necessidades do processo educativo quanto a:
>
> - Espaço interno, com iluminação, insolação, ventilação, visão para o espaço externo, rede elétrica e segurança, água potável, esgotamento sanitário;
>
> - Instalações sanitárias e para a higiene pessoal das crianças;
>
> - Instalações para preparo e/ou serviço para alimentação;
>
> - Ambiente interno e externo para o desenvolvimento das atividades, conforme as diretrizes curriculares

e a metodologia da Educação Infantil, incluindo o repouso, a expressão livre, o movimento e o brinquedo;

- Mobiliário, equipamentos e materiais pedagógicos;

- Adequação às características das crianças com necessidades educacionais especiais. (BRASIL, 2006b, p. 21-22)

De volta aos relatos das professoras entrevistadas identifico nas falas, sobre as questões de práticas com crianças pequenas, a recorrência de que as (boas) práticas não estão ligadas à estrutura, mas às relações estabelecidas entre as crianças e a equipe pedagógica da instituição. Todavia, nos exemplos citados por elas, todas demonstram satisfação por estarem em uma escola que possui uma estrutura física e materiais que favorecem o desenvolvimento das atividades.

Destaco a seguir três narrativas que abordam essa questão – narrativas 26, 27 e 28:

> Ajuda um pouco, mas eu acho que quando você realmente quer, você faz acontecer independente do ambiente. Porque se você... **eu graças a Deus to numa escola bem estruturada** que não falta brinquedo que não falta espaço né. Uma escola grande, uma escola que tem muito verde, uma escola que tem uma quadra enorme, então eu to numa escola bem estruturada né. (Professora 1, informação verbal, grifo meu)

> [...] porque por exemplo na rede de São Bernardo, **vou falar do meu lugar, temos de tudo, pouca coisa nos falta** eu penso assim né...mas se você não quer você não faz, eu posso ter um laboratório de informática, eu posso ter uma biblioteca e não ter boas práticas, eu posso ter, aliás, uma prática péssima... (Professora 3, informação verbal, grifo meu)

> Eu já trabalhei em vários locais, eu já trabalhei desde escolas grandes né que é a turma que eu vim, **que é**

> uma escola que tinha um espaço muito bom, o espaço favorecia a aprendizagem em todo lugar, você tinha uma maneira como trabalhar. Aí eu vim pra essa escola, eu já trabalhei em varias outras melhores ainda do que essa (se referindo a escola que trabalha atualmente), mas aí você vem pra cá, aqui também é uma escola estruturada, é uma escola também que oferece boas práticas também como a outra lá também oferecia e cada escola ela tem uma... (Professora 4, informação verbal, grifo meu)

Diante da necessidade de divulgar padrões de qualidade e de oferecer uma diretriz específica no atendimento das instituições de educação infantil, além de melhor estruturar a questão da qualidade, o Ministério da Educação também elaborou o documento Parâmetros Nacionais de Qualidade para as Instituições de Educação Infantil (BRASIL, 2006b)[36]. Os parâmetros não constituíram em normas a serem seguidas, mas representaram uma referência nacional para discussões nas diferentes instâncias que abarcam a educação infantil. Além disso, o documento foi elaborado baseado em análises de experiências semelhantes desenvolvidas em outros países.

Em referência ao tema específico da pesquisa, sobre as (boas) práticas na educação infantil de zero a três anos, faço um recorte no referido parâmetro a fim de apresentar a valorização de um espaço organizado para o desenvolvimento integral da criança e o acolhimento às famílias e adultos que interagem nesse espaço.

No que concerne à organização das turmas, o documento propõe que essa organização seja flexível e deve estar prevista na proposta pedagógica da instituição. Segundo o Parâmetro, a relação entre o número de crianças por agrupamento ou turma e o número de professoras e professores de educação infantil por agrupamento varia de acordo com a faixa etária: "[...] uma professora ou um pro-

---

[36] No período da pesquisa (2015-2017) o Ministérios da Educação só tinha publicado este material sobre parâmetros de qualidade na Educação Infantil e passou por algumas revisões. Durante o ano de 2024, período da escrita deste livro, o documento passa por um processo de atualização. Informações disponíveis em https://www.gov.br/mec/pt-br/assuntos/noticias/2024/marco/mec-discute-parametros-de-qualidade-da-educacao-infantil

fessor para cada 6 a 8 crianças de 0 a 2 anos; uma professora ou um professor para cada 15 crianças de 3 anos; uma professora ou um professor para cada 20 crianças acima de 4 anos" (BRASIL, 2006b, p. 35).

Entendemos que a proporção adulto/criança parece desempenhar papel fundamental em um trabalho que se propõe de qualidade, além de refletir como as interações nesse espaço serão desenvolvidas no cotidiano da creche.

Discutindo sobre qualidade na educação infantil, Corrêa (2003) menciona um exemplo do estado de São Paulo. Nas classes de crianças pequenas no atendimento público há um número elevado de crianças para um reduzido número de adultos. Esse fato prejudica o processo de envolvimento das crianças no ambiente de educação infantil, visto que as professoras não conseguem disponibilizar uma atenção mais individualizada, havendo assim uma precariedade na qualidade do atendimento a essas crianças. Nesse exemplo, Corrêa critica o não posicionamento de órgãos governamentais por meio de uma lei ou norma que estabeleça a razão adulto/criança de forma que atenda às necessidades da demanda. Os parâmetros já é um começo de uma discussão a respeito dessa razão adulto/criança.

O item 12 dos parâmetros expõe algumas das funções do(a) professor(a) de educação infantil, no propósito de garantir o bem-estar e promover o desenvolvimento e a aprendizagem das crianças:

- Asseguram que bebês e crianças sejam atendidos em suas necessidades de saúde: nutrição, higiene, descanso e alimentação;

- Asseguram que bebês e crianças sejam atendidos em suas necessidades de proteção, dedicando atenção especial a elas durante o período de acolhimento inicial ("adaptação") e em momentos peculiares de sua vida;

- Auxiliam bebês e crianças em atividades que não podem realizar sozinhos;

- Possibilitam que bebês e crianças expressem com tranquilidade sentimentos e pensamentos;

- Intervêm para assegurar que bebês e crianças possam movimentar-se em espaços amplos diariamente. (BRASIL, 2006b, p. 39).

Tais tópicos sugerem apenas algumas das propostas como função do(a) professor(a). Assim, analisamos que tais propostas parecem viabilizar um ambiente de cuidado e atenção com os bebês, proporcionando a movimentação da criança, a expressão e o atendimento às suas necessidades básicas.

Com relação aos espaços e materiais das instituições – item 15 dos Parâmetros – esses se destinam prioritariamente às crianças:

- São construídos e organizados para atender as necessidades de saúde, alimentação, proteção, descanso, interação, conforto, higiene e aconchego das crianças;

- Propiciam as interações entre as crianças e entre elas e os adultos;

- Instigam, provocam, desafiam a curiosidade, a imaginação, e aprendizagem das crianças;

- As cores e as tonalidades de paredes e mobílias são escolhidas para tornar o ambiente interno e externo das instituições de educação infantil mais bonito, instigante e aconchegante;

- O mobiliário, os materiais e os equipamentos são organizados para tornar os diferentes espaços de educação infantil mais aconchegantes e confortáveis. (BRASIL, 2006b, p. 42)

Os itens apresentados nos parâmetros referem-se, de forma específica, aos espaços e materiais. Podemos verificar a semelhança das ênfases que as abordagens destacadas neste livro dão quando se referem à organização e ao planejamento do espaço de educação infantil. Esse documento propõe que o ambiente seja pensado para as crianças desta faixa etária e que, portanto, atenda às suas características e especificidades referentes que um espaço voltado para crianças pequenas exige.

Além da preocupação com a preparação para as crianças, a qualidade, segundo o documento, também deveria abarcar as necessidades das famílias e/ou responsáveis pelas crianças. Estes, ao frequentar tal espaço, sentem-se envolvidos e estimulados a participar das interações, conversas e reuniões. Dessa forma, são ouvidos também seus interesses e a escola aprende com essas famílias, e estas pessoas aprendem com a escola. Ou seja, os espaços também devem ser organizados as vistas dos adultos que lá circulam. Segundo os Parâmetros (BRASIL, 2006b): são "[...] previstos espaços para acolhimento das famílias e/ou responsáveis, tais como local para a alimentação, para entrevistas e conversas mais reservadas e para reuniões coletivas na instituição de educação infantil" (p. 44-45). É possível perceber, diante do exposto, que os Parâmetros significaram uma orientação no trabalho desenvolvido pelas instituições de educação infantil em relação aos aspectos pedagógicos, de infraestrutura, de interação e de gestão das unidades educativas.

As propostas dos parâmetros em relação aos aspectos pedagógicos emergiram também a partir da pesquisa realizada pela Fundação Carlos Chagas (FCC) que, no censo de 2004, identificou que 27% dos professores entrevistados tinham curso superior completo e 51% possuíam ensino médio completo ou ensino superior incompleto (CAMPOS *et al*, 2011). O estudo verificou que as equipes com menor escolaridade pertenciam a instituições privadas sem fins lucrativos: 16% dos entrevistados nessas unidades – professores e funcionários – eram analfabetos ou não haviam completado o ensino fundamental. Nesse contexto, o percentual de professores(as) com nível superior ainda era pequeno em 2004, em relação ao percentual total. Ainda não havia uma quantidade significativa de professores(as) formados(as). Este dado permitiu entender as limitações que ainda existiam nas práticas pedagógicas da educação infantil. Nas considerações finais da pesquisa da Fundação Carlos Chagas (FCC), os dados concluem que as creches e pré-escolas necessitam de pré-condições de infraestrutura mais adequadas, melhor orientação, formação continuada de pessoal e sistema de supervisão mais eficiente.

Discorrendo sobre a qualidade na educação infantil, Campos *et al* (2011, p. 25) concordam com Oliveira (2002) e, quanto aos avanços nas questões de qualidade, destacam que:

> As diferentes trajetórias da creche e da pré-escola levaram a concepções de qualidade mais focalizadas nos direitos das crianças. Principalmente no caso da creche, os movimentos sociais que lutaram pelos direitos da mulher acabaram por reconhecer que os ganhos de qualidade só seriam obtidos na medida e m que o atendimento tivesse como foco principal as necessidades de desenvolvimento da criança pequena. Essa preocupação levou a diversas iniciativas de difusão de concepções de educação infantil que procuravam distanciar-se tanto do modelo assistencial e custodial, como do modelo escolar. (CAMPOS *et al.*, 2011, p. 25)

Os autores registram que a vivência da criança no espaço da educação infantil de qualidade em relação às experiências vividas possibilita a plenitude da infância, considerando as suas mais diversas características, e ampliam as possibilidades de compreensão do mundo, com suas interações. A qualidade envolve, assim, para os autores, o ambiente intencional que proporciona diferentes interações da criança pequena no contato com o outro. Em suma, os princípios educativos se configuram nesse espaço de vivências múltiplas.

As considerações de Dahlberg, Moss e Pence (2003), na problematização do conceito de qualidade, revelam que:

> O desenvolvimento de padrões e diretrizes de boa prática para várias formas de provisão de cuidados à primeira infância, que, embora não-estruturados como medidas ou método de avaliação, na verdade proporcionam definições de qualidade. (p. 134)

Na busca em proporcionar as definições de qualidade foi lançado também o Plano Nacional Pela Primeira Infância (PNPPI) em 2010, que se constituiu em diretrizes e metas de qualidade a serem alcançadas na educação infantil no Brasil até 2016. Segundo esse documento: "A ambivalência da infância – presente e futuro – exige que cuidemos dela agora pelo valor de sua vida presente, e, simultaneamente, mantenhamos o olhar na perspectiva do seu desenvolvimento rumo à plenificação de seu projeto de existência" (BRASIL, 2010a, p. 14).

O Plano apresenta a infância como espaço de construção que precisa ser visualizado no presente e para o futuro, as práticas que se relacionam com as crianças pequenas devem valorizar o que ela é hoje, sem perder os horizontes do que e de como será no futuro. Esse documento foi elaborado e pensado a partir das discussões com diferentes autores e organizações que estudam a educação no país. Representou, assim, mais um instrumento de formalização para a educação infantil de qualidade das instituições brasileiras sejam elas no âmbito público, privado ou filantrópico.

Entretanto, com o objetivo de ampliar o alcance da reflexão, notamos que a valorização dessas práticas e as ações que permeiam o cenário das creches e pré-escolas estão sendo questionadas pelas pessoas que discutem a educação infantil no país. Parece haver uma fronteira[37] entre a lei e a prática em relação à regularização dessas instituições. Ao discutir sobre essas disparidades em 2014, a coordenadora geral da educação infantil, daquele período, do Ministério da Educação, Rita Coelho, destaca em uma entrevista à Revista Pátio[38] sua preocupação com a dificuldade na concretização das leis e propostas para as instituições de educação infantil. As normas da Vigilância Sanitária para regulamentação das creches e pré-escolas são "defasadas". Em outras palavras, a problemática aparece com um enfoque ainda mais profundo na discussão das práticas de qualidade na educação infantil. Segundo o relato de Rita Coelho na entrevista

---

[37] A visão de fronteira será expandida no próximo capítulo.

[38] A Revista Pátio publica artigos de diferentes pesquisadores da infância sobre os diversos temas da educação das crianças pequenas.

à Barcellos (2014), "a norma que orienta a construção de creches, do Ministério da Saúde, é anterior a Constituição Federal de 1988, quando nem mesmo a Agência Nacional de Vigilância Sanitária (Anvisa) existia" (p. 44). Nesse sentido, para além das normativas da legislação para educação (LDBN), diretrizes para educação infantil (DCNEI) e parâmetros existem tensões que envolvem a segurança e o bem-estar das crianças no funcionamento das instituições que são processos históricos e estruturais.

Para além das questões de segurança e bem-estar nas creches, identificamos nos relatos, no prisma da fronteira entre teorias e (boas) práticas, o foco na formação continuada dos(as) professores(as). Ao serem questionadas sobre o que poderia melhorar nas práticas docentes em creche, todas as professoras entrevistadas responderam que a formação em serviço é uma questão crucial para o melhor desenvolvimento do trabalho com as crianças pequenas. Este aspecto demonstra o quanto que o conceito de (boas) práticas para essas professoras relaciona-se com o processo reflexivo da ação pedagógica e que essa ação deve ser intencional. Assim, a premissa inicial da pesquisa de que as (boas) práticas perpassam as concepções de criança e infância parece coadunar com a visão das professoras e dos estudos da infância.

Ademais, este indicativo (a formação) também amplia nossa percepção para a temática das (boas) práticas. Apresenta-se, pois, a provocação de que não é somente "preparar o ambiente" que estimule o processo de aprendizado ou que valorize a criança como produtora de cultura, mas que nesse caminho o(a) professor(a) e as instituições de creche também vivenciem momentos de reflexão sobre a prática que os permitam criar significados, como nos inspira Moss (2002).

Abro espaço, nesse momento, para visualizar o espelho de cinco narrativas sobre as (boas) práticas. Para tanto, vale considerar a questão da entrevista: *O que você acha que poderia ser feito para que as práticas nas creches sejam (boas) práticas?*

Narrativas 29, 30, 31, 32 e 33:

A perfeição vai ser difícil, mas eu acredito que a gente assim, a gente faz tudo que a gente pode né. Acreditando nisso, eu vejo isso nas colegas de trabalho né. Tudo que a gente pode eu acho que a gente vem sempre se aperfeiçoando... tanto é que depois de tanto tempo nós estamos aqui né (se referindo ao curso do PARFOR). (Professora 1, informação verbal)

Olha eu acho que isso é muito de formação de grupo mesmo, precisa é rever alguns conceitos e tudo mais, mas é difícil mudar um todo né.[...] não ta bom assim vamos mexer, mas não vem nada assim, observe melhor né, vamos rever nossos conceitos, nossos planejamentos... (Professora 2, informação verbal)

[...] formações, mas não só a nível de... como que a profª Rose falava? Que as vezes tem muito curso também de formação que é pra te ensinar fazer coisas, eu acho que não funciona. Eu acho que tinha que ir na raiz, igual o PARFOR, eu falo assim que o PARFOR tinha que ser uma oportunidade porque é pensado em cursos para professores, é diferente. Mas é isso que eu falo, pensar porque não pode ser uma formação desconsiderando a sala de aula, longe da prática. (Professora 3, informação verbal)

Acho que a formação. A parte de formação porque a própria escola também, porque a gente a formação continuada né, a gente tem que sempre estar aprendendo. Você quando tem mais tempo, lógico que quando chega alguém mais novo se for uma pessoa aberta você vai passar sua prática né pra ele, como algo que... não como o professor seguir né, como um ensinamento, como uma experiência vamos dizer. (Professora 4, informação verbal)

Formação, formação. Não tem outra coisa, só formação. Porque aqui eu, sem demagogia, você viu que eu tenho textos aqui olha (professora mostra uma pasta com vários textos sobre educação), olha aqui é texto aqui, aqui é o relatório, atividades... que no ano passado fui jogada no berçário, fui jogada não tive que mudar e esse universo do berçário

> nunca tinha trabalhado, fui estudar, fui procurar, aqui ó...berçário objetivo ó...(professora continua mostrando seu material de estudo). (Professora 5, informação verbal)

Em síntese, as narrativas apresentadas neste capítulo sugerem algumas reflexões sobre o surgimento das (boas) práticas na creche. Identifico nos relatos das professoras o que seriam as (boas) práticas para elas e o que poderia ser feito para que as práticas na creche melhorassem. Diante de suas falas, percebemos que esse tema pode surgir no espaço da creche a partir de um planejamento da equipe pedagógica que se organize com atividades que proporcionem às crianças viverem, como elas relataram, a "liberdade da infância". As práticas teriam um foco na valorização do respeito à criança enquanto ser criança, ou seja, a creche deveria propor atividades que criem possibilidades para o seu desenvolvimento integral como ser humano. Nesse sentido, esse espaço deveria oferecer oportunidades de aprendizagem e de escuta sensível às crianças, nas suas diferentes necessidades.

O surgimento das (boas) práticas, também, segundo as professoras, precisaria contar com a atitude do(a) professor(a). Independente do ambiente da creche, este profissional poderia oportunizar esses momentos para a criança viver a infância. A vontade do(a) professor(a) de criar essas oportunidades para a criança, segundo as professoras entrevistadas, faria uma grande diferença no cotidiano das crianças na creche. Essa atitude deveria, portanto, envolver as propostas que as crianças trazem para as atividades na creche. Segundo elas, as crianças pequenas também devem participar do planejamento de diferentes formas.

Essa atitude, em alguns momentos, pode estar relacionada com a questão da formação. Todas destacaram que a formação docente, seja ela inicial ou continuada, pode proporcionar práticas que valorizem a criança e que sejam (boas) práticas. Nos relatos, verificamos a percepção das professoras quando têm a oportunidade de refletir sobre os conceitos da infância e sobre suas práticas na creche ou escola. As professoras que estão em formação no PARFOR relataram o quanto esse processo de constante reflexão sobre a prática tem feito a diferença no cotidiano da escola/creche onde elas atuam. Elas têm a oportunidade de pensar as ações e visualizá-las na prática. Assim, na visão das entrevistadas, as (boas) práticas podem surgir na creche nas diferentes dimensões que envolvem o cotidiano das crianças pequenas.

*Quando me surpreendo ao fundo do espelho assusto-me.
Mal posso acreditar que tenho limites, que sou recortada e
definida. Sinto-me espalhada no ar, pensando dentro das
criaturas, vivendo nas coisas além de mim mesma.*
(Clarice Lispector)

3

REFLEXOS DO ESPELHO (3): A COMPLEXIDADE NAS PRÁTICAS DA CRECHE

3.1 Miradas epistemológicas: o pensamento complexo

Realidade complexa. Sutileza na percepção de um pensamento abrangente para as (boas) práticas. Incertezas e contradições. Tessitura de novos caminhos. Tais expressões sugerem um espelho que, composto por todas estas partes, parece refletir novos olhares para um paradigma[39] da educação em relação às crianças pequenas, especialmente ao refletir as concepções de (boas) práticas dentro do espaço da creche.

Apresento a realidade complexa, a partir das inspirações sobre a *complexidade* na perspectiva de Morin (2003; 2015). Para dar amplitude ao tema das (boas) práticas no sentido de descaracterizar as possíveis concepções que se apresentam de forma linear, faço uso da *complexidade*. Morin (2003) percebe a sociedade como uma realidade sistêmica e transdisciplinar. A *complexidade* é apreendida por ele no sentido original da palavra, no latim, que significa *complexus*. De acordo com o significado original, portanto, complexidade significa "o que foi tecido junto". A visão de Morin (2003) para a complexidade se insere no contexto de que os elementos diferentes se unem e se tornam inseparáveis, são constitutivos de um todo. Essa é a tessitura das partes em conjunto que forma o todo. "Por isso, a complexidade é a união entre a unidade e a multiplicidade" (MORIN, 2003, p. 38).

---

[39] O termo *paradigma* é utilizado neste trecho a partir da conceituação de Morin (2015) como uma forma de "controlar ao mesmo tempo o lógico e o semântico" (p. 112). Esse conceito será abordado no tópico sobre paradigma educacional emergente neste mesmo capítulo.

O autor acredita que o desenvolvimento do planeta em que vivemos apresenta um confronto cada vez maior e com desafios que se integram na complexidade. Nessa concepção global, há múltiplas tensões, ordens e desordens, certezas e incertezas que se completam na dinâmica sistêmica em que a sociedade está imersa. Para o sociólogo e filósofo, nós, enquanto seres humanos, somos ao mesmo tempo biológicos, psíquicos, sociais, afetivos e racionais (MORIN, 2003). Assim, na visão do autor, não é possível isolar a parte do todo e nem o todo das partes.

Em outro momento, Morin (2015b) compreende a complexidade também como um tecido de acontecimentos, ações, acasos, etc que representam o fenômeno do mundo, da sociedade. De acordo com esse pensamento, a complexidade surge quando há uma constatação de que esses fenômenos desordenados são necessários para a produção da organização. "Dizendo de outro modo, a desordem e a ordem ampliam-se no seio de uma organização que se complexifica" (MORIN, 2015b, p. 63). Essas reflexões sobre a complexidade apareceram para o autor quando teve contato com as teorias da cibernética, dos sistemas e da auto-organização que pairavam as discussões do final dos anos 60. Desde então, Morin (2015b) ampliou as ideias da cibernética e passou a estudar os fenômenos na perspectiva da complexidade.

Com a ideia inicial das dimensões físicas e químicas que dominavam as ciências e as formas de explicar o surgimento do mundo, o autor começou a perceber que com a desintegração do universo, é que o planeta passa a se organizar; para ele, uma ideia complexa. Desse modo, a complexidade não é vista, para Morin (2015b), como um fenômeno redutor compreendido somente na perspectiva da dificuldade, mas ele a visualiza como as situações que possuem partes específicas e que não se separam, como a ordem e desordem. Assim sugere o exemplo da vida:

> De todo modo, viver é, sem cessar, morrer e se rejuvenescer. Ou seja, vivemos da morte de nossas células, como uma sociedade vive da morte dos seus indivíduos, o que lhe permite rejuvenescer.
>
> Mas à força de rejuvenescer, envelhecemos e o processo de rejuvenescimento desanda, se desequilibra e, efetivamente, vive-se de morte, morre-se de vida. (MORIN, 2015b, p. 63)

Portanto, ao fazer o movimento de retornar à introdução deste livro, encontramos uma narrativa construída com experiências que traduzem o sujeito uno e múltiplo, na sua relação de intersecção com os diferentes momentos vivenciados na formação, na prática docente e na condição de pesquisador. Essa relação é inspirada no viés da complexidade, desenhado por Morin (2015b) e no conceito de experiência vislumbrado por Bondía (2002). A realidade complexa, nessa composição, é concebida como um "tecido de acontecimentos" (p. 13) em que o sujeito e o objeto são percebidos por vezes separadamente e em outros momentos entrelaçados, constituindo um todo que não se completa.

No vislumbre da percepção da realidade complexa, as (in) certezas[40] podem pressupor uma concepção (i)lógica, mas que se apresentam com o caráter multidimensional de toda a realidade. Refletimos sobre esta característica do real, que parece ter várias dimensões, para ponderar a complexidade que identificamos nas relações das (boas) práticas do contexto da educação das crianças de zero a três anos. "Se a realidade é complexa, ela requer um pensamento abrangente, multimensional, capaz de compreender a complexidade do real e construir um conhecimento que leva em consideração essa mesma amplitude" (MORAES, 2001, p. 30).

Nesse sentido, busquei visualizar essa realidade complexa para além das narrativas das professoras entrevistadas com a finalidade de compor os sentidos da experiência das (boas) práticas na creche. Como o questionamento que permeou nossas ideias na

---

[40] O registro de prefixos entre parênteses metaforiza a relação complementar – e não oposta – entre conceitos.

pesquisa buscou compreender as diferentes concepções de (boas) práticas, adentrei no espaço onde ocorrem as interações cotidianas, as práticas com as crianças pequenas. Inspirada pela metodologia da Pesquisa Narrativa, fui a campo e vivenciei, por um período de dois meses, o cotidiano de uma turma de creche pública municipal que é composta por crianças na faixa etária de dois anos. A metodologia compreende as histórias de campo como vivências narrativas que posicionam as investigações em um espaço metafórico (CLANDININ; CONNELLY, 2011). De acordo com esta abordagem metodológica nossos interesses de pesquisa provêm das nossas histórias e dão enredo às investigações narrativas.

A realidade complexa, nesse cenário, é composta pelas diversas narrativas que são tecidas em conjunto formando um todo. Essa tessitura propõe o desafio de unir os relatos às observações de campo e compor um tecido que não se completa. Assim inspirada, também pelas experiências formativas já apresentadas na introdução desta obra, selecionei uma turma de creche que se aproximava da temática. O contexto, que na Pesquisa Narrativa é denominado de *paisagem*[41], precisaria ser uma turma de crianças pequenas e que esse cenário não fosse visivelmente atraente em termos de qualidade no atendimento oferecido. Parti, então do questionamento inicial sobre o conceito de (boas) práticas em um espaço que aparentemente não favorece o desenvolvimento integral da criança e de sua percepção como sujeito produtor de cultura.

De fato, ao longo desse caminho fui percebendo que a "pesquisa narrativa relaciona-se mais com o senso de reformulação contínua [...]" (CLANDININ; CONNELLY, 2011, p. 169). Ou seja, está para além da simples definição de um problema de pesquisa. É um processo retrospectivo, em que voltamos e reformulamos nossas premissas e ao mesmo tempo prospectivo, pois avançamos nas considerações sobre o fenômeno que estamos pesquisando. Com essa mirada, inicio este capítulo com a exploração narrativa

---

[41] A palavra *paisagem* é um termo da Pesquisa Narrativa, já apresentado anteriormente, que expressa o cenário, o contexto que se inserem às narrativas ou as observações de campo.

dos cenários vislumbrados neste processo. Apresento alguns textos de campo das práticas observadas na creche em formato de cenas, dialogando com a teoria da complexidade. Esse diálogo intenta compor a tessitura dessa experiência e quiçá vislumbrar o que são as (boas) práticas nesse contexto.

3.2 Miradas – cenas de uma experiência: estando na história

O lugar da história neste tópico constitui a paisagem do cotidiano da turma infantil I A[42] de uma creche municipal da cidade de São Bernardo do Campo/SP[43]. Imersa nessa natureza, fui à busca da *complexidade* do conceito de (boas) práticas onde aparentemente parece estar ausente. As personagens dessa história são duas professoras que, no período da pesquisa de campo (2016), se dividiam nos períodos da manhã (professora 4) e tarde (professora 5[44]), uma auxiliar que atuava de tempo integral com 15 crianças da faixa etária de dois anos, sendo uma criança diagnosticada com necessidades especiais cognitiva e motora.

Os cenários, em que aconteceu o enredo cotidiano, era uma sala de referência da turma (espaço pequeno para a quantidade de crianças e adultos que nela circulavam), uma brinquedoteca, uma biblioteca, um parque com tanque de areia, um ateliê, um refeitório (localizado no corredor próximo as salas), um pátio coberto que também era utilizado para as atividades e um banheiro coletivo (fora da sala) que era utilizado por mais duas turmas.

Os primeiros momentos da entrada no campo foram permeados por tensões tanto da parte da minha parte como pesquisadora quanto das professoras e crianças. Mesmo após ter apresentado o projeto da pesquisa para a direção da instituição, a expectativa inicial da equipe (direção e professoras) era de que iríamos, com a

---

[42] Denominação que consta no projeto político pedagógico da creche para a turma de crianças da faixa etária de dois anos de idade.

[43] Optei por preservar a identidade da creche para não expor as crianças e equipe que atuam neste espaço.

[44] As professoras dessa turma também foram entrevistadas e são as professoras 4 (manhã) e 5 (tarde), às quais me referi nos capítulos anteriores deste livro.

pesquisa, propor mudanças para melhorar o trabalho desenvolvido na creche, de modo particular, trazer benefícios estruturais para essa turma que aparentemente apresentava muitas dificuldades no desenvolvimento das atividades. As falas recorrentes, tanto da direção quanto das professoras, eram de que a sala era muito pequena e que havia uma criança com deficiência, não existindo para elas (equipe pedagógica) a possibilidade de desenvolver um trabalho de *qualidade* com as crianças. Nesse aspecto, observei por um tempo a rotina diária dessa turma e vivenciei momentos nos quais, por vezes, somente observei e em alguns momentos interagia com as crianças. Na sequência seguem algumas cenas dessas tensões iniciais:

Figura 3 – Conhecendo o lugar da história: cenas 1 e 2

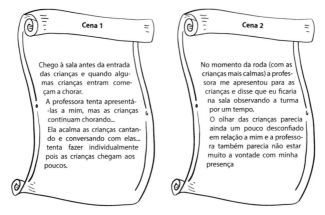

Fonte: a autora

Ao experimentar essa primeira tensão relacionada à aceitação no campo de pesquisa, vivenciei, como ressaltam Clandinin e Connelly (2011), os múltiplos papéis e múltiplos personagens. Um dos papéis é o de pesquisadora que deseja se posicionar neutra e o outro papel é o de professora que se angustia em não poder acalentar as crianças ou conduzir aquele momento de estranheza para o grupo. Nestes diferentes papéis, os autores destacam que precisamos olhar as vozes de outras formas e considerar as vozes ouvidas e não ouvidas. Nessa direção, busquei me colocar no papel de pesquisadora e ouvir as vozes não ouvidas. Silenciei para ouvir algumas questões que estavam por trás desta cena.

Uma voz que ficou clara foi a tensão da professora em conseguir acalmar as crianças, pois estava sozinha naquele momento com um grupo de onze crianças e também precisava dar seguimento à rotina. Logo depois da chegada, as crianças fariam a roda e iriam para o lanche (não poderiam atrasar). Com a entrada da auxiliar de sala, a situação se tornou um pouco mais tranquila. A complexidade na visão de Morin (2015b) pode auxiliar na compreensão dessa voz ao nomear essa cena e outras que seguirão como um paradigma complexo. Na perspectiva desse paradigma, as situações apresentam em seu cerne certezas e incertezas, ordem e desordem.

O autor compreende o universo imerso no caos e nas desordens que a cada momento podem gerar uma organização e uma ordem. Tal movimento ocorre de forma não linear; ao mesmo tempo em que situações se desfazem ou se desorganizam, elas podem se reorganizar para gerar outras.

> A complexidade da relação ordem/desordem/organização surge, pois, quando se constata empiricamente que fenômenos desordenados são necessários em certas condições, em certos casos, para a produção de fenômenos organizados, os quais contribuem para o crescimento da ordem. (MORIN, 2015b, p. 63)

A compreensão da epistemologia da complexidade, como uma tessitura de partes que integram o todo e um todo que compõe as partes, parece sugerir uma clareza ao ouvir essa voz que tensiona entre uma aparente desordem (a turma de crianças agitadas com a presença de uma pessoa que não é do contexto do grupo) e ao mesmo tempo a organização que salta com a ideia nova de ter uma pessoa estranha na sala. A organização parece se solidificar quando visualizamos a próxima cena, que ocorre ainda no momento da cena 1.

Figura 4 – Conhecendo o lugar da história – cena 3

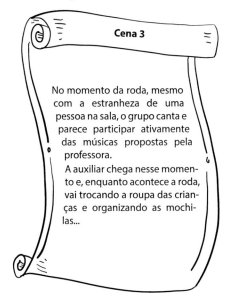

Fonte: a autora

Outra voz que ouvimos, nas cenas anteriores, é a preocupação da equipe da sala em tornar aquele ambiente, aparentemente não favorável, em momentos especiais e tranquilos para as crianças. Como o grupo ficava na creche em tempo integral, as professoras eram atentas quanto ao clima, o que se tornava evidente com as crianças e nas atitudes (trocam as roupas) e procuravam organizar a rotina propondo atividades em diferentes espaços.

Figura 5 – Conhecendo o lugar da história – cenas 4 e 5

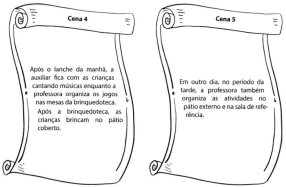

Fonte: a autora

Como sugerido no segundo capítulo, o espelho é apresentado a partir das concepções de (boas) práticas e uma das vertentes é a formação docente. O processo de formação, como discutido anteriormente, possui por vezes uma característica marcadamente fragmentada, porém que parece desenhar mudanças na concepção dos cursos. Grande parte dos cursos de formação docente, conforme destacam as pesquisas de Gatti (2011), possui tal fragmentação, formando profissionais que não vivenciam a docência de forma articulada, sem perceber essa realidade complexa. Os trabalhos são permeados, na sua maioria, por meio do enfoque tradicional[45], o que pode distanciar da percepção do todo e da concepção da complexidade em diálogo com a prática educativa. Tal reflexão é apresentada por Moraes ao discorrer sobre a complexidade na prática docente:

> É a complexidade que nos ajuda a melhor compreender e explicar a realidade educacional, esclarecendo-nos que esta não é apenas feita de racionalidade e de fragmentação, mas também de processos intuitivos, emocionais, imaginativos e sensíveis. Isto porque, nós, seres humanos, somos também feitos de poesia

---

[45] O termo tradicional não é concebido neste estudo como um aspecto negativo, que não pode estar presente na educação, mas como um fator fundante para novas concepções. Este tema será abordado nas páginas seguintes com a reflexão sobre o paradigma emergente.

e de prosa, de emoção, de sentimento, de intuição e de razão, e tudo isto, orgânica e estruturalmente, é articulado em nossa corporeidade. (MORAES, 2010, p. 184)

Destacamos o aspecto da formação docente, pois, o perfil das professoras desse grupo observado é de profissionais com vasta experiência na creche e com cursos de formação em nível de pós--graduação. Podemos refletir, nesse sentido, que a atitude intencional de transformar os momentos que aquelas crianças vivenciam no espaço da creche também parece relacionar-se com uma concepção de ação pedagógica que essas professoras possuem. Nas cenas a seguir identificamos essas ações intencionais no momento que já fazia parte da história enquanto pesquisadora.

Figura 6 – Conhecendo o lugar da história – cenas 6 e 7

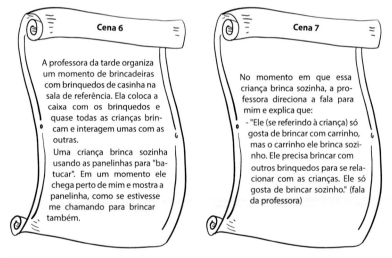

Fonte: a autora

A complexidade nas práticas docentes, portanto, parece se distanciar do pensamento reducionista, na interseção entre teoria e prática, além de colocar o sujeito (docente) em relação direta com o objeto (prática). Esse parâmetro nos permite visualizar tal contexto (prática educativa da creche) como não previsível. Contudo, ao mesmo tempo, podemos partir da perspectiva tradicional da previsibilidade para a visão da subjetividade, das situações difíceis de aparente desordem, conflitantes e incertas, que o cotidiano das creches pode apresentar. Como sugere Moraes (2010), "O importante é também aprender a trabalhar em situações difíceis, caóticas e incertas, tirando delas o melhor proveito" (p. 184).

Ao fazer parte da história no campo de pesquisa, foi possível aproximar-se de situações difíceis junto com as professoras e outras vezes, distanciar-se de momentos conflitantes. Em outra cena vemos as crianças agitadas após o momento do suco e a professora com a auxiliar procuram acalmá-las, contando histórias. A desordem do momento exprime uma voz que parece um desabafo:

Figura 7 – Conhecendo o lugar da história – cenas 8 e 9

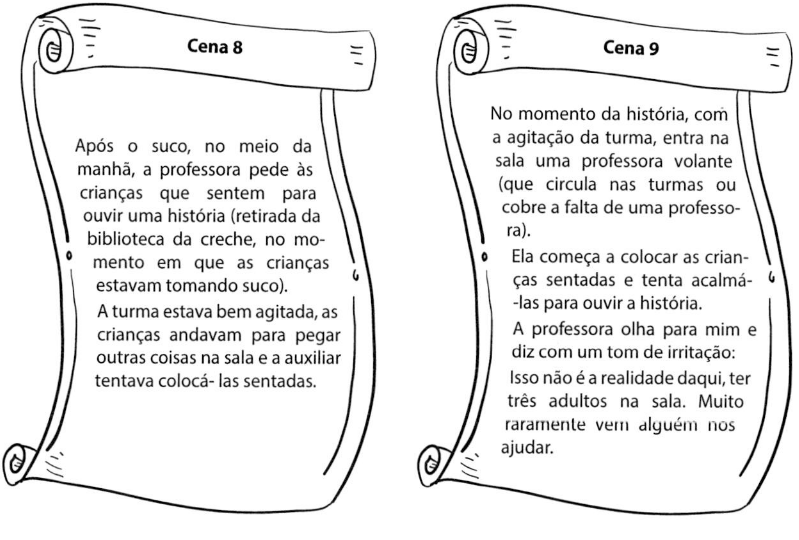

Cena 8

Após o suco, no meio da manhã, a professora pede às crianças que sentem para ouvir uma história (retirada da biblioteca da creche, no momento em que as crianças estavam tomando suco).
A turma estava bem agitada, as crianças andavam para pegar outras coisas na sala e a auxiliar tentava colocá-las sentadas.

Cena 9

No momento da história, com a agitação da turma, entra na sala uma professora volante (que circula nas turmas ou cobre a falta de uma professora).
Ela começa a colocar as crianças sentadas e tenta acalmá-las para ouvir a história.
A professora olha para mim e diz com um tom de irritação: Isso não é a realidade daqui, ter três adultos na sala. Muito raramente vem alguém nos ajudar.

Fonte: a autora

Ao ressaltar as práticas docentes, evidenciamos o campo da ação educativa, que parece pressupor uma consciência ecológica estudada por Morin (2015) e Moraes (2010). O *princípio ecológico da ação* indica que nossas ações podem produzir efeitos inesperados e, portanto, não previsíveis. O jogo de interações perpassa, assim, o ambiente natural e sociocultural. Podemos ampliar o pensamento dos autores mencionados para a ação educativa com as crianças pequenas. A ação da professora, naquele momento difícil, foi expressar o desabafo e esquecer que estávamos na posição de pesquisador e não de quem iria solucionar o fato de serem somente duas professoras para quinze crianças. No viés do princípio ecológico da ação, percebemos nessa cena que a ação escapa as intenções. A intenção poderia ser de tornar aquele momento conflitante em um momento agradável de contação de história, porém a ação da professora foi mais evidente do que as intenções. Para Morin (2015b), a "ação supõe a complexidade" (p. 81). Nesse sentido, a complexidade permeia as ações do cotidiano da creche.

A partir da concepção da criança como sujeito de direitos e como um ser humano que está em desenvolvimento emocional, social e físico, compreendemos que a ação do professor da creche pode envolver um planejamento flexível com um olhar que permeia o princípio ecológico. Nesse processo, o educador poderia nutrir a imprevisibilidade e a não-linearidade, o que decorre em perceber a dinamicidade da vida e do coletivo, que são as experiências do cotidiano da creche.

Ao dialogar com o tema deste estudo, colocamos em evidência que as (boas) práticas também podem pressupor o desafio de trabalhar com a imprevisibilidade do cotidiano. Nas cenas contempladas até aqui e a partir dos relatos dessas professoras, destacados na seção anterior, é possível perceber que as professoras possuem uma concepção de criança como sujeito de direito, porém as práticas diante dos desafios do cotidiano, em alguns momentos, podem escapar às concepções.

Figura 8 – Conhecendo o lugar da história – cenas 10 e 11

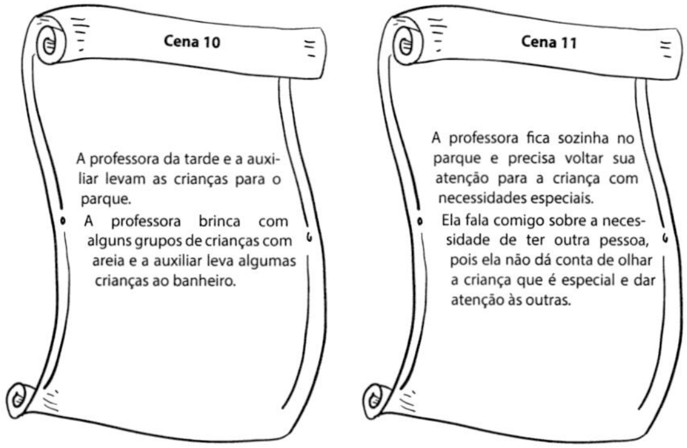

Cena 10

A professora da tarde e a auxiliar levam as crianças para o parque.
• A professora brinca com alguns grupos de crianças com areia e a auxiliar leva algumas crianças ao banheiro.

Cena 11

A professora fica sozinha no parque e precisa voltar sua atenção para a criança com necessidades especiais.
• Ela fala comigo sobre a necessidade de ter outra pessoa, pois ela não dá conta de olhar a criança que é especial e dar atenção às outras.

Fonte: a autora

A fala da professora sobre a importância de colocar mais uma professora nessa turma, expressa seu posicionamento de que a criança tem o direito de ter a atenção individualizada, contudo a realidade que ela tem não permite às crianças dessa turma vivenciar esse direito. Assim, no momento que fica sozinha, a prática "exige" que ela volte sua atenção para a criança portadora de necessidades especiais[46] e as outras crianças ficam brincando, porém se atenção e sem supervisão. A professora, desse contexto, precisa assumir a postura complexa da imprevisibilidade, da não linearidade e da flexibilidade, como nos instiga Moraes (2010). A autora nos inspira a pensar no professor da creche como aquele que pensa e reflete suas ações, mas que está aberto para as desordens e caos que podem emergir das vivências com as crianças pequenas. Um exemplo que podemos destacar são as cenas 10 e 11.

3.3 Outras miradas da história

Proponho, nesta instância, a tessitura de novas vias a partir das (novas) cenas da paisagem pesquisada (o cotidiano de uma turma

---

[46] Nomenclatura que era designada, na época da realização da pesquisa, para o que atualmente (2024) é chamado de pessoas com deficiência.

de creche). Após um período de um mês no cotidiano da creche, foi possível visualizar outras cenas que apresentaram novas reflexões da complexidade nas (boas) práticas da creche.

Figura 9 – Conhecendo o lugar da história – cenas 12 e 13

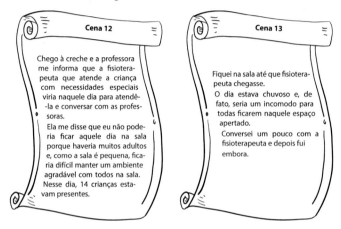

Fonte: a autora

As cenas acima, e outras que veremos à frente, nos fazem caminhar pelos princípios da complexidade em Morin (2015), que são nomeados a partir de três componentes que se completam. O primeiro é o princípio *dialógico,* que percebe os fenômenos aparentemente opostos como simultâneos. Tal princípio associa conceitos que são antagônicos e complementares ao mesmo tempo, como por exemplo, ordem e desordem e favorece a religação de ideias que se rejeitam. Percebemos nas cenas 12 e 13 uma aparente desordem com a situação inesperada da visita da terapeuta. A rotina das crianças precisou ser alterada, pois a professora teria que dar atenção à profissional. Contudo, a ordem imperava simultaneamente na medida em que a presença da fisioterapeuta era muito significativa para a organização dos cuidados com a criança com necessidades especiais e com a turma. Ela faria a ponte com as professoras para facilitar e prepará-las para o trabalho cotidiano com o grupo.

Outro princípio é o da *recursividade*. Este termo expressa a dinamicidade do processo de idas e voltas, quebrando a ideia da linearidade. Para Morin (2015) a "[...] noção mais vigorosa é a de circuito autorregenerador ou recursivo, ou seja, a de um circuito no qual os efeitos e os produtos tornam-se necessários à produção..." (p. 111). Nessa concepção, o recursivo pode ser compreendido como o movimento de autorregeneração, em que todos os fenômenos se relacionam entre si. Por exemplo, a relação das práticas pedagógicas na escola pressupõem um movimento dinâmico que se (re)significa no processo educativo. Notamos essa dinamicidade recursiva nas práticas da creche ao visualizar as seguintes cenas do campo de pesquisa:

Figura 10 – Conhecendo o lugar da história – cenas 14 e 15

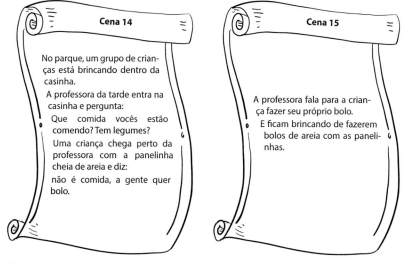

Fonte: a autora

A recursividade pode ser compreendida no momento em que a interação entre a professora e as crianças reproduz uma cultura (fazer comidas, com panelinhas) e ao mesmo tempo produz uma nova cultura para aquelas crianças que pareciam não ter essa percepção de que aquelas panelas também poderiam fazer comidas. A recursividade é um processo que pode se revelar nas situações cotidianas da creche e sempre acontecem nas interações.

O princípio *hologramático* concebe a ideia do todo e das partes sem uma percepção compartimentalizada, pois ao mesmo tempo em que se visualiza as partes também se vê o todo. Vejamos as cenas abaixo:

Figura 11 – Conhecendo o lugar da história – cenas 16 e 17

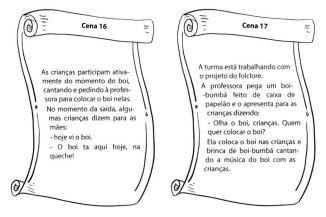

Fonte: a autora

Com tal leitura, não apenas o sujeito (as crianças) está na sociedade, mas a sociedade está no sujeito (a cultura folclórica inserida no contexto das crianças). Assim, também a professora constitui um todo que é composto de diferentes partes do sistema educacional impresso nela. Com essa percepção, o educador pode compreender o contexto escolar como um todo, mas que também envolve as partes na composição do cotidiano vivencial da comunidade na qual está inserido. De acordo com a percepção desse princípio, todos apresentamos singularidades, contudo também trazemos, a totalidade do universo.

Os três princípios destacados por Morin (2015b) e visualizados nas cenas auxiliam na percepção das práticas docentes em diferentes esferas. Ao mesmo tempo em que o professor se apresenta dialógico

(BOAS) PRÁTICAS NA CRECHE: MIRADAS EMERGENTES SOBRE A CRIANÇA E A INFÂNCIA

nas trocas e nas retroações que as práticas cotidianas exigem atuando na ordem e desordem, por exemplo, também se torna recursivo, prosseguindo e voltando nas atividades e planejamentos propostos para o grupo ou na própria reflexão da prática. Simultaneamente também reage de forma holográmatica vivendo um constante holograma, em que visualiza o todo e as partes. O educador olha a individualidade das crianças e ao mesmo tempo o coletivo do grupo, e da sociedade na qual estão inseridas.

As novas vias, portanto, são trilhadas no viés da complexidade, que compreende todas as tessituras cotidianas da creche. Ressaltamos essa análise das cenas a partir dos princípios propostos por Morin (2015b), para dialogar com os diferentes olhares das (boas) práticas. Um olhar que nos toca nessas análises é a reflexão de que o conceito de (boas) práticas parece ser subjetivo e envolve diferentes perspectivas. Esse olhar não exprime somente, como idealizado em princípio, a concepção de criança e de infância, mas parece estar para além de concepções e emergem nas práticas que se configuram no todo e nas partes. Um holograma que imobiliza o espírito linear como afirma Morin (2015), um processo dialógico e recursivo que combina pontos de vistas.

Figura 12 – Conhecendo o lugar da história – cenas 18 e 19

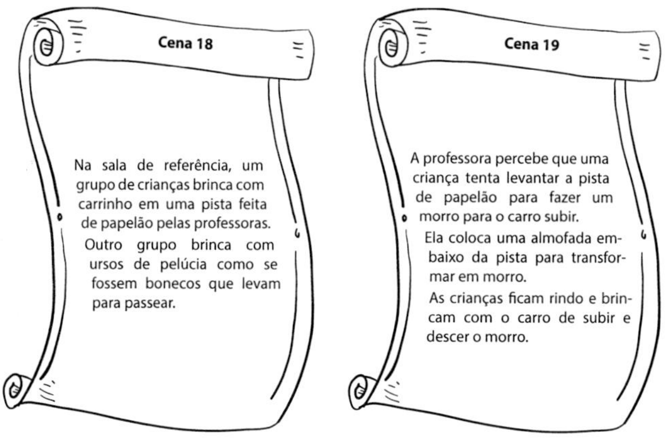

Cena 18

Na sala de referência, um grupo de crianças brinca com carrinho em uma pista feita de papelão pelas professoras. Outro grupo brinca com ursos de pelúcia como se fossem bonecos que levam para passear.

Cena 19

A professora percebe que uma criança tenta levantar a pista de papelão para fazer um morro para o carro subir. Ela coloca uma almofada embaixo da pista para transformar em morro. As crianças ficam rindo e brincam com o carro de subir e descer o morro.

Fonte: a autora

Nas cenas 18 e 19, a professora brincava com os dois grupos na sala. Ela percebeu a necessidade do grupo que brincava com carrinhos e entrou na brincadeira ampliando as possibilidades de construir um morro naquela pista. Como apresentado anteriormente, essa cena ilustra a visão de Morin (2015b) sobre o todo e as partes. Essa professora apresentou-se dialógica, recursiva e hologramática ao interagir com os dois grupos, fazendo o movimento de dar a elas e ao mesmo tempo criando possibilidades de (res)significar os objetos da sala nas brincadeiras com as crianças.

Neste direcionamento reflexivo, seguimos para a seção final deste estudo, em que defendemos a tese das concepções de (boas) práticas na creche a partir de um novo paradigma. Uma proposta que emerge das narrativas e cenas visualizadas até então.

*Quem olha um espelho conseguindo ao mesmo tempo isenção
de si mesmo, quem consegue vê-lo sem se ver, quem entende
que sua profundidade é ele servazio, quem caminha para
dentro do seu espaço transparente sem deixarnele o vestígio
da própria imagem - então percebeu o seu mistério.*
(Clarice Lispector)

UM CONVITE A NOVOS PARADIGMAS: O ESPELHO DAS (BOAS) PRÁTICAS

Ao iniciar as reflexões deste estudo, foi proposta a metáfora do espelho a partir de um convite às miradas. Tal proposta apresentou o olhar no espelho a partir de diferentes perspectivas com a finalidade de buscar formulações para o conceito das (boas) práticas na creche. A premissa inicial que apontou para as possíveis respostas é de que existe uma complexidade nas concepções de (boas) práticas e que estas ideias se relacionavam com as concepções de infância dos sujeitos pesquisados. Entretanto, no desenrolar da pesquisa, observei que a relação das concepções de (boas) práticas permeiam um olhar mais amplo. Compreendo que a complexidade pode dar conta dessa amplitude, mas que os caminhos desses olhares demonstram não somente uma visão de concepção de infância. O olhar está para além desta concepção. Todavia, questiona-se: o que descobrimos desse "além", dessa amplitude?

A primeira resposta me instiga a olhar para a infância que permeia o ambiente da creche/escola. Três professoras entrevistadas destacaram que é a creche/escola que tem oportunizado os momentos para a criança viver a infância. As crianças não teriam essas oportunidades do "ser criança" fora do espaço da creche – como visto nos relatos da primeira seção deste estudo. Mesmo com todas as dificuldades que a creche pode apresentar, como registrado nas discussões de alguns autores como Oliveira (2014), Rosemberg (2014), Campos *et al* (2011), em proporcionar uma educação que valorize o cuidar e o educar, e que possibilite o desenvolvimento de diferentes habilidades e ainda que olhe para a criança como sujeito de direitos, é possível compreender nos relatos e nas cenas observadas que, para além dos obstáculos, esse espaço pode oferecer práticas que permitem às experiências da infância. As professoras mencionaram que na creche as crianças podem brincar, experimentar vivências que se configuram como características infantis e que com a família ou outros ambientes essas experiências estão se perdendo.

Também pode-se perceber nos relatos uma diversidade em relação a definição do conceito de infância. Para algumas entrevistadas, a infância é a fase biológica da criança; para outras representa momentos de vivenciar experiências que tornam essa fase o momento da infância. As reflexões apresentadas anteriormente pela Sociologia da Infância destacam a criança como um fenômeno social, que produz cultura e constrói significados de acordo com o contexto no qual está inserida. Algumas professoras relataram uma perspectiva de práticas e de creche que valorize a criança, oferecendo um contexto que escute essa criança e crie possibilidades de vivenciarem a infância como pressupõe a Sociologia da Infância.

As cenas da turma observada parecem apresentar essa concepção de infância que destaca como relevantes a estrutura e os materiais pedagógicos que a creche pode oferecer, mas apresenta também uma visão ampla de criar significados na paisagem que vislumbram. Observamos os sorrisos e alegria das crianças em estar naquele espaço, que aparentemente não expressa felicidade. Não pretendo, com essas afirmações, enfatizar que as crianças não necessitam de espaços que lhes ofertem melhor infraestrutura e ação pedagógica intencional que possibilite condições de desenvolvimento. Acredito que elas necessitam dessas ações de *qualidade*, mas destacamos, diante dos relatos e das cenas observadas, que as práticas existentes, podem oportunizar a vivência da infância e a valorização da criança enquanto criança.

A palavra *qualidade* aparece grifada neste estudo, pois, a segunda resposta consiste na problematização do conceito de qualidade na creche. Como nos inspirou Moss (2002) o conceito de *qualidade* é carregado de valores e se apresenta de forma subjetiva pela sociedade. Com isso, questiono o que seria bom nas práticas com crianças pequenas. Conforme ressaltado no início deste estudo, o bom pode ser um conceito que merece ser considerado a partir da (des)construção, assim como a qualidade. Os documentos e discussões sobre *qualidade* na creche nos apresentam parâmetros que fundamentam as avaliações nas instituições de educação infantil. Consideramos a importância dos Parâmetros de Qualidade, Indicadores de Qualidade, e não desejamos apagar essas visões que direcionam nossas instituições, mas é importante apresentar a reflexão sobre qual conceito de qualidade as práticas nas creches estão se pautando. Corroboramos com a percepção das (boas) práticas de Moss (2002) como aquelas ações que são pensadas e construídas no espaço da creche com o objetivo de criar significados a partir do contexto no qual aquele grupo está inserido.

Uma terceira resposta perpassa a complexidade no viés de Morin (2015). Uma das hipóteses iniciais se referia à existência da complexidade nas concepções de (boas) práticas na creche. Ao compreender a complexidade como a tessitura de diferentes partes, o elo que visualiza os múltiplos saberes em um uno, mas que também não ignora as partes, percebemos as concepções das (boas) práticas que vislumbram a religação de partes compartimentalizadas na aparência. Ou seja, as experiências da creche precisam ser "um tecido de constituintes heterogêneas inseparavelmente associadas [...]" (MORIN, 2015, p. 13). Parece não ser tarefa simples tecer diferentes opiniões e concepções, mas a complexidade pode nos possibilitar esse olhar. Ao visualizar a desordem, que possamos perceber a ordem concomitante.

> A verdade da infância não está no que dizemos dela, mas no que ela nos diz no próprio acontecimento de sua aparição entre nós, como algo novo. E, além disso, tendo-se em conta que, ainda que a infância nos mostre uma face visível, conserva também um tesouro oculto de sentido, o que faz com que jamais possamos esgotá-la. (LARROSA, 2003, p. 195)

As respostas – complexidade, qualidade e a creche como espaço de vivenciar a infância – continuam nos inspirando novas reflexões e nos fizeram pensar a proposta de um novo paradigma no conceito das (boas) práticas na creche. Larrosa (2003) nos inspira a compreender que a criança pode ser a resposta para os questionamentos que nós adultos fazemos sobre elas. A verdade da infância é apresentada, por tanto, por cada criança na sua face visível, entretanto como sugere o autor, parece existir um sentido na infância que nos impulsiona em prosseguir com a investigação do fenômeno da infância e, de modo particular neste estudo, das (boas) práticas, mas que talvez não consigamos identificar a sua essência. Assim, pensar em um novo paradigma pode nos auxiliar nesse processo de investigação e incitar novas reflexões.

Os estudos e teorias no campo da infância trilharam diferentes vias e concepções que nos impulsionaram a refletir e aprofundar as práticas a serem desenvolvidas com as crianças[47]. Todavia, o que nos instiga é o pensamento racional/científico que dominou o cenário global por alguns séculos em grande parte das ciências. O excerto a seguir emerge a reflexão sobre o conceito de um paradigma científico e um paradigma social.

> Sendo uma revolução científica que ocorre numa sociedade ela própria revolucionada pela ciência, o paradigma a emergir dela não pode ser apenas um paradigma científico (o paradigma de um conhecimento prudente), tem de ser também um paradigma social (o paradigma de uma vida decente). (SANTOS, 1999, p. 60)

Ao traçar um caminho histórico do conhecimento científico, o autor lança um olhar diferenciado sobre o tema. Na sua análise, enfatiza que a sociedade viveu por um longo tempo baseada nos conceitos das ciências naturais, principalmente, pautada a partir dos estudos de René Descartes. Santos (1999) traz a idéia de Descartes sobre a sua obra principal, O Discurso do Método[48], em que as regras consistem na divisão das parcelas, para se obter o resultado. O conhecimento, nessa teoria, está centrado em colocar

---

[47] O tema foi abordado no capítulo anterior e é apresentado, neste contexto, como nutrição inicial para introduzir o tema do paradigma a partir do pensamento racional, que é aprofundado mais a frente.

[48] Sobre a obra de Descartes ver: SANTOS, Boaventura de Sousa. *Um discurso sobre as ciências*. Porto: Afrontamento, 1999.

cada situação em "caixas" e, para ter acesso a ele, seria necessário abrir as caixas separadamente e depois juntá-las. Esse princípio de Descartes, segundo Santos (1999), era uma proposta do pensamento racional. Neste, o ser humano seria formatado na sua construção do pensamento, que implicava que cada sujeito concebia o conhecimento da mesma forma.

O percurso epistemológico de Descartes nos impulsiona ao questionamento sobre o paradigma dominante que Santos (1999) provoca. A concepção das ciências naturais, em contraste com as ciências sociais, foi uma abordagem que pareceu paralisar por um tempo, os estudos e engessou a construção do conhecimento colocando de um lado as leis da natureza e sua forma de conceber a verdade e de outro campo as questões sociais que regem a sociedade.

A postura científica da comprovação, da metafísica e da epistemologia do pensamento racional apresentou forte influência na área da educação com o formato das disciplinas, das propostas fragmentadas do saber e com os currículos construídos por áreas separadas. A formação do professor e suas consequentes práticas emergem desse conceito dominante, que Moraes (2001) vai designar de paradigma tradicional.

Com o advento da industrialização e da tecnologia no final do século XIX e início do século XX, Santos (1999) desvela um ensaio da crise do paradigma dominante. As ciências, como eram concebidas até aquele momento, começam a ser questionadas pelo fenômeno da globalização e da cibernética, ou seja, como o conhecimento poderia ser compartimentalizado se tudo se relacionava no ambiente e na sociedade. Esse questionamento começou a modificar os estudos e o pensamento científico da época, contestando a forma como o conhecimento é construído. Santos (1999) ressalta, de forma instigante, a referida crise e a aparição de um novo paradigma:

> Pautada pelas condições teóricas e sociais que acabei de referir, a crise do paradigma da ciência moderna não constitui um pântano cinzento de ceticismo ou de irracionalismo. É antes o retrato de uma família

> intelectual numerosa e instável, mas também criativa e fascinante, no momento de se despedir, com alguma dor, dos lugares conceituais, teóricos epistemológicos, ancestrais e íntimos, mas não mais convincentes e securizantes, uma despedida em busca de uma vida melhor a caminho doutras paragens onde o otimismo seja mais fundado e a racionalidade mais plural e onde finalmente o conhecimento volte a ser uma aventura encantada. A caracterização da crise do paradigma dominante traz consigo o perfil do paradigma emergente. (p. 59)

Neste sentido, o paradigma dominante não é concebido como um aporte teórico de caráter a ser banalizado, mas foi importante no seu tempo e contribuiu para a construção de um novo pensamento que modificou as leis da sociedade e do ambiente natural. A dicotomia sobre o que era natural e o que era social é minimizada e a reflexão se insere na relação dialógica desses termos. A visão começa a ser modificada com as novas epistemologias. Essa perspectiva remete a proposição do paradigma emergente e sua relação com as (boas) práticas na educação das crianças pequenas.

O paradigma emergente surge, assim, da crise do paradigma dominante e sugere uma mudança na percepção do sujeito que está inserido no mundo, na cultura. Retomando os estudos de Moraes (2001), ela discorre sobre esse novo paradigma no sentido de impulsionar a reflexão a partir dos novos cenários que surgem. Os direcionamentos das novas tecnologias apresentam uma visão de mundo global e sistêmica, destacando o todo integrado às partes. Essa concepção ecológica apresenta traços e sinais de uma interdependência dos fenômenos da natureza entrelaçados com a sociedade em processos cíclicos. Compreendemos essa dimensão sugerida pela autora como a dinamicidade da vida em que tudo está em movimento e que há uma interação entre os atores que compõem a vida. Nesse olhar que amplia a compreensão da vida em sociedade, Moraes (2001) descreve o sujeito complexo de Morin (2015) na esfera do novo paradigma ao registrar que as teorias: "Compreendem o conhecimento produzido pelo sujeito na sua relação com o objeto, um conhecimento em rede, em que todos os conceitos e as teorias estão interconectados, crescendo e se transformando de uma forma sem fim" (MORAES, 2001, p. 136).

A forma como compreendo a construção do conhecimento se modifica no paradigma emergente. Na proposição dominante, o sujeito percebe o conhecimento distante da realidade e em partes. Na perspectiva do paradigma emergente, há uma relação recursiva na relação entre sujeito e objeto, teoria e prática. Esses pares não aparecem de forma dicotômica, mas relacionados entre si em um processo dinâmico. Tal movimento pressupõe a coexistência da ordem e da desordem, do previsível e do imprevisível. A autora destaca que a possibilidade de mudança de perspectiva deve estar sempre em pauta, pois vivemos em um mundo fenomênico. "Estamos imersos num universo menos previsível, mais complexo, dinâmico, criativo e pluralista, numa dança permanente" (MORAES, 2001, p. 136).

O novo paradigma nos inspira à incomodação positiva sobre a educação na qual fomos formados e que, assim como destacado na introdução deste estudo, precisaríamos passar pelo processo de (des)construção revisitando o paradigma que parece direcionar o sistema educativo vigente construindo uma nova concepção a partir do paradigma emergente. De modo particular, a autora questiona como podemos viver com uma escola burocrática, fragmentada e dissociada do mundo e da vida.

Com os estudos de Piaget sobre a construção do conhecimento[49], entre outros que investigaram e que apresentaram na pós--modernidade concepções de interação com o mundo, a função da escola e da educação foi se modificando. Moraes (2001) destaca Paulo Freire como um desses pensadores da educação que emergiram na vertente do paradigma emergente. Freire enfatizava uma educação com foco na relação do aluno com o mundo e da vida cotidiana que este educando desenvolve fora dos muros da escola. Na sua percepção, o educador deveria educar para a vida, uma educação que se propunha libertadora.

---

[49] Sobre o pensamento de Piaget, verifique a primeira seção deste estudo.

> Neste sentido, a educação libertadora, problematiza-
> dora, já não pode ser o ato de depositar, ou de narrar,
> ou de transferir, ou de transmitir "conhecimentos" e
> valores aos educandos, meros pacientes, à maneira
> da educação "bancária", mas um ato cognoscente.
> (FREIRE, 1987, p. 39)

Esse destaque que Moraes (2001) proporciona ao pensamento de Paulo Freire consiste em fazer a relação da teoria com a prática tanto no campo das ciências quanto na atividade educativa. No olhar da autora, "[...] a prática traz em si o significado real das coisas locais, das condições contextuais que permeiam a ação educacional" (p. 152). Tal afirmação nos permite refletir sobre a confluência das práticas na creche com o surgimento de um novo paradigma para a infância. Ao pensar de acordo com a visão da cosmologia, que envolve a auto-organização, o caos, a interatividade, a interdependência, pode abrir uma via para pensar o cotidiano da creche.

Esse (cotidiano) pode apresentar traços de incertezas e desordens, mas que reflete a cultura que perpassa a infância, especialmente em relação às crianças bem pequenas. A formação do professor, sem considerar a concepção complexa e a proposta integral do ser, desencadeou ao longo do tempo práticas que não apontavam para a dialogicidade e a recursividade que se apresenta, em essência, nos fazeres e nas práticas pedagógicas da educação infantil. Na perspectiva do novo paradigma:

> [...] o educador deverá colaborar para garantir a ocor-
> rência desses processos, a manutenção de diferentes
> tipos de diálogo e as transformações que acontecem
> nas diversas dimensões que envolvem essas relações.
> Ele será a ponte entre o texto, o contexto e o seu
> produtor, colaborando para que ocorra integração
> nos mais diferentes níveis [...] (MORAES, 2001, p. 150)

Na proposição do paradigma emergente, a mudança na concepção da formação do sujeito e a visão educador-educando tornam-se inerente ao processo. No paradigma tradicional, a autoridade do professor é imposta e linear, já na visão do novo paradigma, a autoridade nasce na relação recursiva garantido a riqueza do processo. As formulações dos desafios, das situações-problema, dos novos conceitos são construídas em conjunto com a realidade e o contexto vivenciado pelo professor e pelas crianças.

O olhar integral do ser humano, nessa relação, é preponderante nas intervenções sugeridas pelo paradigma emergente. "O indivíduo é visto como um todo constituído de corpo, mente, sentimento e espírito" (MORAES, 2001, p. 167). Ele se apresenta como sujeito da História na dimensão social. Entretanto, também, emerge de um ser inconcluso, que está em constante formação e transformação. Ele se torna integrante e participante do mundo, porém esse ambiente é vasto de conflitos e marcado por constante modificação. Santos (1999) refletia sobre essa constante insegurança que o homem da pós-modernidade vivencia e os conflitos que precisaria administrar tendo em vista na formação desse indivíduo integral. "Tal como Descartes, no limiar da ciência moderna, exerceu a dúvida em vez de a sofrer, nós, no limiar da ciência pós-moderna, devemos exercer a insegurança em vez de a sofrer" (SANTOS, 1999, p. 71).

As (boas) práticas na creche parecem dialogar com um paradigma que emerge do campo da infância. Existem, de fato, (boas) práticas? Na visão emergente, as (boas) práticas seriam aquelas que convergem com a formação integral e com o olhar da complexidade nas reflexões sobre tais práticas. Mas o que seria um novo paradigma para a infância? O questionamento nos sugere pensar sobre as concepções de educação e de criança que os adultos da creche parecem apresentar. Nesse viés padigmático, proponho uma reflexão sobre o espaço que há entre as concepções de (boas) práticas e o que realmente tem acontecido no cotidiano da creche.

Ao revisitar a primeira metáfora do espelho deste estudo, sinto as fragilidades que esse pode apresentar e a possível quebra que pode ocorrer. Quando o espelho se quebra, muitos pedaços surgem, pedaços esses que, em um primeiro momento, não conseguiríamos religar. Entretanto, antes de estudarmos a possível religação, precisaremos visualizar as partes que emergem de um todo.

A proposição do novo paradigma pode sugerir implicações para a educação das crianças pequenas, que não constitui uma mera tarefa. Moraes (2001) apresenta tais dificuldades que podem desencadear um olhar redutor da complexidade e do paradigma emergente nesse contexto.

> Coexistem diferentes propostas pedagógicas que não reconhecem a educação como um sistema aberto nem um ser humano em sua multidimensionalidade, como um individuo dotado de múltiplas inteligências, com diferentes estilos cognitivos. Dessa forma, continuam oferecendo uma educação fechada, centralizada, estável, destinada a uma população qualquer, totalmente amorfa, um tratamento igual para todos, descuidando das diferenças e das necessidades individuais. (MORAES, 2001, p. 83-84)

Na moldura do excerto, parecem existir práticas que apontam para a predominância do paradigma dominante. Enfatizo, mais uma vez, que não constitui proposta deste estudo anular a concepção tradicional da educação, mas buscar vias para vislumbrar novas propositivas a partir dessa concepção. Um componente, portanto, da quebra do espelho pode emergir das resistências às novas propostas pedagógicas e às novas formas de pensar a criança. A novidade, como propõe Larrosa (2003), no primeiro momento carrega consigo o desconforto e ao mesmo tempo a pré-disposição para a mudança.

As leis e os documentos para a infância, já discutidos anteriormente, parecem advir do pensamento cartesiano. Tais registros propõem práticas que se distanciam da realidade escolar e, em alguns momentos, chegam ao "chão da creche". Porém, quando visualizamos a criança como sujeito da História, percebemos que suas formas de exploração do mundo podem ser ampliadas ou limitadas por esses vazios que pairam sobre as práticas cotidianas.

O questionamento sobre as (boas) práticas continuou ecoando, de alguma forma meus pensamentos. A resposta para tal questionamento, também, se apresentou na perspectiva do vazio como aquele que pode ampliar as possibilidades de criação da criança, conforme nos inspira Larrossa (2000). O vazio é compreendido, segundo esse autor, como uma atitude de despojamento da linguagem. "Para fazer justiça a essas experiências, para não traí-las, tem-se de silenciar o convencional e dar à máxima pureza à linguagem" (p. 47). Nesse sentido, o silêncio torna-se necessário para que a linguagem sobressaia. Ao fazer a relação com as práticas na creche, talvez o paradigma que emerge seja do despojamento de nossas concepções e tradições para ouvir as vozes das nossas crianças na creche. Os professores poderiam, assim, exercer a prática do calar para ouvir as vozes que, em algumas situações, parecem apagadas pelos ruídos que tornam impossível qualquer experiência.

Abrimos espaço, neste momento, como forma de exemplificar essas vozes da creche, a fim de destacar trechos dos relatos de algumas professoras entrevistadas sobre sua opinião quanto às vozes que mais aparecem na creche - narrativas 34, 35 e 36:

> Ah eu acho que já mudou bastante. Um tempo atrás eu responderia que acho que o adulto é o....a voz seria do adulto [...] Hoje uma criança de três anos se ela traz pra você o que ela quer você contorna toda sua aula pra que, pra dar voz aquilo. Então eu acredito que a criança tem uma importância valiosa aí. Não a de antes, mas a de hoje tem. E tem pessoas bastante abertas viu pra isso, tem. (Professora 1, informal verbal)

> Eu acho que hoje a gente ta permitindo que a criança tenha voz. Mas ainda a gente esbarra em muitas coisas, em muitos planejamentos e..... (Professora 2, informação verbal)

> Aí que pega o negócio. Porque, assim, eu procuro dar a voz à criança, prioridade, eu procuro. Pode ver minha relação com Artur é baseada na necessidade dele (se referindo a criança portadora de necessidades especiais). Não só o Artur com todas as crianças, com todo mundo. Lógico que o Artur é especial porque ele é uma criança que precisa de atenção especial também, por causa da condição dele

especial, mas eu Edna procuro dar voz a criança. Porque eu to nesse papel mesmo de por o adulto.... eu to como adulto eu tenho que mediar, eu to ai pra mediar essa percepção de criança, to ai pra isso mesmo: - Opa! A criança quer fazer isso, aí que eu entro. (Professora 5, informação verbal).

As relações, portanto, parecem pressupor um olhar para aquilo que existe na interface com a teoria e a prática. Podemos encontrar, assim, outro fragmento do espelho que consiste no distanciamento que é reforçado ainda na formação dos professores. Há uma tentativa de fugir da concepção binária, porém esse estilhaço deveria ser reconstruído no processo de pensar o novo paradigma. Construímos uma proposta de reflexão pensando sobre a vertente da relação entre a teoria e a prática e percebemos como estas estão interligadas, entretanto a realidade parece estar distante dessa visão que envolve a integração do todo e das partes. "O que afeta um paradigma, isto é, a pedra angular de todo um sistema de pensamento, afeta ao mesmo tempo a ontologia, a metodologia, a epistemologia, a lógica, e por consequência a prática, a sociedade, a política" (MORIN, 2015, p. 54).

As práticas na creche parecem estar sendo afetadas, por um processo de transição de paradigmas. Os estudos e teorias sobre a infância vislumbram um novo olhar para a criança. As práticas observadas e ouvidas neste estudo desejam se aproximar dessas novas propostas de silenciar para ouvir e proporcionar espaço às construções e elaborações das culturas infantis.

A virada paradigmática destacada por Morin (2015), que constitui em afetar o pensamento e tudo que envolve as mudanças, não ocorre como, sugere o autor, de um momento para outro. Compreendo que é um processo que pode causar estranheza e que, na educação das crianças pequenas, parece tracejar um novo percurso nas concepções das (boas) práticas.

Com essa inspiração, o processo de olhar o espelho, na tessitura da religação dos componentes metodológicos da pesquisa, constituiu um percurso que envolveu também, a inserção no campo de investigação. A escolha do perfil investigado foi determinada a partir do viés da complexidade e das práticas docentes na área da educação infantil de zero a três anos.

O olhar para o campo de investigação, que produziu os textos de campo e as cenas na seção 3 deste livro, contribuiu para refletir sobre essa transição paradigmática. O processo de observação dessa turma foi bastante prazeroso, pois foi possível perceber o envolvimento e disposição das professoras com a ação intencional educativa. Em alguns momentos, a prática parecia a mesma de todos os dias; em outros, elas conseguiam proporcionar o encantamento das descobertas às crianças daquele grupo. As situações conflitantes do cotidiano que coexistiam com os momentos de tranquilidade me fizeram repensar a questão das (boas) práticas como somente um conceito que perpassa as concepções de infância. Impulsionou-me a retomar a reflexão sobre o sujeito da experiência que foi destacado no início desta obra.

Figura 13 – Conhecendo o lugar da história – cenas 20 e 21

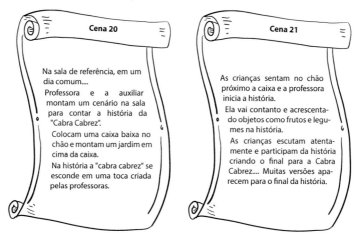

Fonte: a autora

As tristezas e alegrias do espelho, as surpresas que não esperamos, a preocupação de proporcionar uma educação de qualidade às crianças – todas essas questões foram visualizadas também na prática dessas professoras da creche observada. O sujeito da experiência, apresentado por Larrosa (2003), permitiu um novo encontro com a infância e as práticas com as crianças pequenas. Tal encontro nos fez relembrar a narrativa que foi apresentada no início do livro.

> Uma imagem do outro é uma contradição. Mas talvez nos reste uma imagem do encontro com o outro. Nesse sentido, não seria uma imagem da infância, mas uma imagem a partir do encontro com a infância. E isso na medida em que esse encontro não é nem apropriação, nem um mero reconhecimento em que se encontra aquele que já sabe e que já tem, mas um autêntico cara a cara com o enigma, uma verdadeira experiência, um encontro com o estranho e com o desconhecido, o qual não pode ser reconhecido nem apropriado. (LARROSSA, 2000, p. 197)

Assim, concluo esta reflexão ao voltar a ocupar o lugar do *eu* e apresentar a imagem do outro; relatar como foi o encontro com a infância. Na minha percepção este encontro representou grandes descobertas e, ao mesmo tempo, novos questionamentos. Ao me debruçar nas inspirações teóricas, revisitei autores e estudos da minha época de graduação. Percebi que minhas inquietações de alguns anos atrás foram sendo pesquisadas por autores da infância e que minhas preocupações em proporcionar uma educação infantil que valorizasse a criança nas suas especificidades foram ampliadas. As discussões ganharam substância e algumas chegaram ao chão da creche, que era nossa grande inquietação nos tempos de graduação. A teoria parecia estar bem distante da prática naquele tempo.

Porém, com esta pesquisa, percebi que o processo de mudança de paradigma nas creches começou a se concretizar. Há um tempo visualizava as práticas em um patamar e as concepções em outro. Atualmente, percebo algumas mudanças nessa perspectiva. Ao ter a oportunidade de entrar novamente na creche (campo de investigação) e encontrar o outro (infância, professores, equipe, entre outros) um toque de emoção permeou meus sentimentos e, no primeiro momento, as dificuldades de somente observar foi um tanto difícil. As crianças pequenas, como narrado no início desta obra, sempre me encantaram e dessa vez não foi diferente. Tornei-me o sujeito da experiência de Larrosa (2003).

As cenas da creche observadas nesta pesquisa *me tocaram, aconteceram* em mim e trouxeram à minha memória os momentos que vivenciei como professora da educação infantil e da creche. Foi uma experiência conflituosa ao me colocar na posição de pesquisadora e ao mesmo tempo as emoções direcionava para pensar como professora. Contudo, experimentei momentos felizes por novamente poder estar naquele espaço. As descobertas continuaram durante todo o processo investigativo, também com as narrativas das professoras, pois eu me reconhecia em muitas histórias relatadas por elas. Diante dos relatos, pude vivenciar o sujeito complexo de Morin (2015) e identificar nas histórias, as minhas histórias nas experiências, as minhas experiências.

Com o decorrer da pesquisa, me apropriei de novos conceitos, tanto da complexidade, quanto da infância. As leituras no campo da Sociologia da Infância foi outra grande descoberta que direcionou meu olhar às crianças como construtor de cultura e sujeito imerso na sociedade, que também produz essa sociedade. Enfim, foram momentos de experiências novas e ao mesmo tempo de revisitação de outras já vivenciadas e analisadas.

Encerro assim, olhando para o espelho e percebendo que o tema das (boas) práticas na creche deixa de ser conclusivo, pois encontrei, no decorrer das reflexões, diferentes conceitos e definições na perspectiva do adulto que atua com as crianças pequenas. Há ainda uma inquietação que não consegui atender no tempo da pesquisa: O que seriam as (boas) práticas na visão das crianças? Quiçá essa resposta seja encaminhada em estudos posteriores. Como palavras finais, destaco duas imagens significativas nas minhas experiências com as crianças no período em que atuei como professora da creche. Estas imagens (Figuras 14 e 15) refletem, em minhas miradas, o verdadeiro despojamento da infância.

Figura 14 – Atividade coletiva (banho no chuveiro)[50]

Fonte: acervo da autora (2013)

Figura 15 – Momento roda de livros[51]

Fonte: acervo da autora (2013)

---

[50] Crianças de dois anos em atividade coletiva (banho no chuveirão) na creche municipal. Eu (professora) no fundo, tirando a foto das crianças.

[51] Crianças de um ano e meio manuseando livros, no momento da roda de livros (turma na qual fui professora na Creche Municipal do Rio de Janeiro).

PÓSFÁCIO

Para refletir! (ante o espelho)

Educação e espelho. A aproximação dessas duas palavras sugere uma metáfora pulsante, que se desdobra em inúmeras imagens luminosas, sombrias, animosas, temerosas. As possibilidades de associação são ilimitadas, assim como são as leituras (críticas) diante de cenários contemporâneos cada vez mais imprevisíveis. Sob tal inspiração, lançar miradas para um espelho representa um ato pleno de revelação: limites são reduzidos, horizontes são ampliados.

O texto de Beatriz Nascimento, cuja supervisão tive a honra de assumir, irradia a experiência ante um espelho. Com rigor acadêmico e fina sensibilidade, Beatriz apresenta reflexões vigorosas que contemplam o artesanato humano cultivado na infância. De modo expressivo, a percepção de (boas) práticas em atividades com crianças em tenra idade convida o(a) leitor(a) a ressignificar miradas diante do espelho da vida, que irrompe nos desafiadores contextos escolares. A complexidade, a narrativa, o paradigma (emergente) esboçam e definem linhas, tracejam e ilustram molduras. O ponto focal das miradas é a creche, espaço da vida que desabrocha como flores: belas em cores, intensas em frescor, férteis em sementes. É assim que Beatriz retrata a infância, com o anúncio de práticas docentes que sejam, essencialmente, boas.

Espelho e educação. A leitura que ora chega ao fim sugere as imagens de um espelho: realistas, distorcidas, emblemáticas. Quiçá o(a) leitor(a), nos horizontes desenhados pela educação, possa idealizar e realizar (boas) práticas para a infância. Para a vida, em todas as suas fases.

Em uma tarde ensolarada no outono, junho de 2024.

Prof. Dr. Marcelo Furlin
Universidade Metodista de São Paulo

REFERÊNCIAS

ARTES, A.; UNBEHAUM, S. *Escritos de Fúlvia Rosemberg*. São Paulo: Cortez: FCC, 2015, 296 p.

ARIÈS, P. *História social da criança e da família*. 2. ed. Rio de Janeiro: Guanabara: 1973. 280 p.

BARCELLOS, P. Entre a Lei e a prática. *Revista Pátio*. Porto Alegre, n. 41, ano XII, p. 44-47, out. 2014 (Edição cuidar é educar). Disponível em: http://loja.grupoa.com.br/revista-patio/artigo/10887/entre-a-lei-e-a-pratica.aspx. Acesso em: 22 jan. 2017.

BARBOSA, M. C. S. Culturas infantis: contribuições e reflexões. *Revista Diálogo Educacional*, Curitiba, v. 14, n. 43, p. 645-667, set./dez. 2014. Disponível em: www2.pucpr.br/reol/index.php/dialogo?dd99=pdf&dd1=14717. Acesso em: 12 dez. 2016

BECHARA, E. *Dicionário da Língua Portuguesa*. Rio de Janeiro: Nova Fronteira, 2011.

BONDÍA, J. L. Notas sobre experiência e o saber da experiência. *Revista Brasileira de Educação*, n. 19, p. 19-28, jan./abr. 2002. (tradução de João Wanderley Geraldi). Disponível em: http://www.scielo.br/pdf/rbedu/n19/n19a02.pdf. Acesso em: 12 jul. 2016

BRASIL. *Constituição da República Federativa do Brasil*: 1988. Brasília. Centro Gráfico do Senado Federal, 1988. Disponível em: http://www.planalto.gov.br/ccivil_03/constituicao/constituicao.htm. Acesso em: 25 mar. 2017.

BRASIL. Senado Federal. *Lei de Diretrizes e Bases da Educação Nacional: nº 9.394 de 20 de dezembro de 1996*. Estabelece as diretrizes e bases da educação nacional. Brasília,1996. Disponível em: http://portal.mec.gov.br/seesp/arquivos/pdf/lei9394_ldbn1.pdf. Acesso em: 27 maio 2016.

BRASIL. Ministério da Educação. Conselho Nacional de Educação. *Parecer CNE/CP no. 3/2006*. Diretrizes Curriculares Nacionais para o Curso de

Pedagogia, Brasília: MEC;CNE, 2006a. Disponível em: http://portal.mec. gov.br/cne/arquivos/pdf/pcp05_05.pdf. Acesso em: 07 jul. 2016.

BRASIL. Ministério da Educação. Secretaria de Educação Básica. *Parâmetros nacionais de qualidade para a educação infantil.* Brasília, DF: MEC; SEB, v. 2, 2006b.

BRASIL. Presidência da República - Casa Civil. Emenda Constitucional Nº 53, de 19 de Dezembro de 2006, Brasília. 2006c. Disponível em: http:// www.planalto.gov.br/ccivil_03/constituicao/emendas/emc/emc53.htm. Acesso em: 25 jun. 2017.

BRASIL. Ministério da Educação. Secretaria de Educação Básica. *Critérios para um atendimento em creches que respeite os direitos fundamentais das crianças.* Maria Malta Campos e Fúlvia Rosemberg. 2. ed. Brasília, DF: MEC; SEB, 2009a. Disponível em: http://portal.mec.gov.br/dmdocuments/ direitosfundamentais.pdf. Acesso em: 10 ago. 2016.

BRASIL. Ministério da Educação. Secretaria de Educação Básica. *Política de educação infantil no Brasil*: Relatório de avaliação. Brasília: MEC; SEB; Unesco, 2009b.

BRASIL. Ministério da Educação. *Plano Nacional pela Primeira Infância.* Brasília, DF: MEC, 2010a.

BRASIL. Ministério da Educação. Banco Interamericano de Desenvolvimento. Fundação Carlos Chagas. *Educação Infantil no Brasil*: Avaliação Quantitativa e Qualitativa. Brasília, DF: MEC; São Paulo, SP: FCC, nov. 2010b, 424 p. (Pesquisa coordenadora por Maria Malta Campos/FCC). Disponível em: http://www.fcc.org.br/pesquisa/eixostematicos/educacaoinfantil/pdf/relatorio_final.pdf. Acesso em: 2 fev. 2017

BRASIL. Ministério da Educação. Secretaria de Educação Básica. *Diretrizes Curriculares Nacionais para a Educação Infantil.* Brasília, DF: MEC; SEB, 2010c. Disponível em: http://ndi.ufsc.br/files/2012/02/Diretrizes-Curriculares-para-a-E-I.pdf. Acesso em: 15 abr. 2016.

CAMPOS, M. M. Entre as políticas de qualidade e a qualidade das práticas. *Cadernos de Pesquisa* [on-line], São Paulo, v. 43, n. 148, p. 22-43, jan./

abr. 2013. Disponível em: http://www.scielo.br/pdf/cp/v43n148/03.pdf. Acesso em: 11 set. 2016.

CAMPOS, M. M. *et al.* Qualidade da educação infantil: um estudo em seis capitais brasileiras. *Cadernos de Pesquisa.* São Paulo, v. 41, n. 142, p. 20-54, jan./abr. 2011. Disponível em: http://www.scielo.br/pdf/cp/v41n142/v41n142a03.pdf. Acesso em: 06 jan. 2016

CEZAR, E. *Poemas e diversão*: um olhar para a vida. São Paulo: Texto & Textura, 2015.

CLANDININ, D. J.; CONNELLY, F. M. *Pesquisa narrativa*: experiências e história na pesquisa qualitativa. Uberlândia: EDUFU, 2011.

CORRÊA, B. C. Considerações sobre qualidade na educação infantil. *Cadernos de Pesquisa,* São Paulo, n. 119, p. 85-112, jul. 2003. Disponível em: http://www.scielo.br/pdf/cp/n119/n119a05.pdf. Acesso em: 08 mar. 2017.

DAHLBERG, G.; MOSS, P.; PENCE, A. *Qualidade na educação da primeira infância*: perspectivas pós-modernas. Porto Alegre: Artmed, 2003.

FALEIRO, B. S. *Bem-estar e envolvimento dos bebês na creche.* 2008. 31f. Trabalho de Conclusão de Curso (Bacharelado e licenciatura em Pedagogia). Universidade Federal do Rio de Janeiro – UFRJ, Rio de Janeiro, 2008

FRAIHA-MARTINS, F. *Significação do ensino de ciências e matemática em processos de letramento científico-digital.* 2014. 189 f. Tese (Doutorado em Educação em Ciências e Matemáticas) – Instituto de Educação Matemática e Científica, Universidade Federal do Pará, Belém, 2014.

FREIRE, P. *Pedagogia do oprimido.* 17. ed. Rio de Janeiro: Paz e Terra, 1987.

FREIRE, I. R. *Raízes da Psicologia.* 5. ed. Petrópolis, RJ: Vozes, 2001.

GARANHANI, M. C. A docência na educação infantil. *In*: SOUZA, Gizele (Org.). *Educar na Infância*: perspectivas histórico-sociais. São Paulo: Contexto, p. 187-200, 2010.

GATTI, B. A. Licenciaturas: características institucionais, currículos e formação profissional. *In*: PINHO, Sheila Z. de (org.). *Formação de educadores*: dilemas contemporâneos. São Paulo: Editoras UNESP, 2011. p. 71-87.

GOMES, M. O. Formação de professores na educação infantil. São Paulo: Cortez, 2009.

GOLDSCHMIED, E.; JACKSON, S. *Educação de 0 a 3 anos*: o atendimento em creche. Tradução de Marlon Xavier. 2. ed. Porto Alegre: Artmed, 2006.

KISHIMOTO, T. M. Encontros e desencontros na formação dos profissionais de educação infantil. *In*: MACHADO, M. L. A. (org.). *Encontros e desencontros em educação infantil*. São Paulo: Cortez, 2002. p. 107-115.

KRAMER, S. Formação de profissionais de educação infantil: questões e tensões. In: MACHADO, M. L. A. (org.). *Encontros e desencontros em educação infantil*. São Paulo: Cortez, 2002. p. 117-132.

LARROSA, J. *Pedagogia Profana*: danças, piruetas e mascaradas. 4. ed. Belo Horizonte: Autêntica, 2003.

LISPECTOR, C. *Espelhos*. (Blog). Disponível em: https://pensador.uol. com.br/clarice_lispector_o_poema_espelhos/. Acesso em: 23 abr. 2017.

MACLURE, M; BURMAN, E. A desconstrução como método de pesquisa. *In*: SOMEKH, B.; LEWIB, C. (org.). *Teoria e métodos de pesquisa social*. Petrópolis: Vozes, 2015. (Risco das autoras).

MORAES, M. C. *O Paradigma Educacional Emergente*. 7. ed. Campinas: Papirus, 2001.

_____. Os princípios do conhecimento pertinente. *In*: _____. *Os sete saberes necessários à educação do futuro*. 8. ed. São Paulo: Cortez, 2003. p. 35-46.

_____. Complexidade e transdisciplinaridade na formação docente. In: MORAES, M. C.; NAVAS, J. M. B. (org.). *Complexidade e transdisciplinaridade em educação*: teoria e prática docente. Rio de Janeiro: WAK, 2010.

MORIN, E. *Ensinar a viver*: Manifesto para mudar a educação. Porto Alegre: Sulina, 2015a.

_____. *Introdução ao pensamento complexo*. 5. ed. Porto Alegre: Sulina, 2015b.

MOSS, P. Para além do problema com qualidade. *In*: MACHADO, Maria Lúcia de A (Org.). *Encontros e desencontros em educação infantil*. São Paulo: Cortez, 2002. p. 17-25.

OLIVEIRA, Z. R. Os primeiros passos da história da educação infantil no Brasil. *In*: _____. Educação infantil: fundamentos e métodos. São Paulo: Cortez, 2002.

_____. *Educação Infantil*: fundamentos e Métodos. 7. ed. São Paulo: Cortez, 2012.

_____. Currículo da Educação Infantil: dos conceitos teóricos à prática pedagógica. *In*: SANTOS, M. O.; RIBEIRO, M. I. S. (org.). *Educação Infantil*: Os desafios estão postos e o que estamos fazendo? Salvador: Solffset, 2014. p. 187-193.

PESSOA, Fernando. *Espelho*. (Blog). Disponível em: http://mundoalemdaspalavras.blogspot.com.br/2011/02/fernando-pessoa-o-espelho.html. Acesso em: 23 abr. 2017.

PIAGET, J. *Seis estudos de psicologia*. Tradução de D'AMORIM, M. A.M; SILVA, P. S. L. 24. ed. Rio de Janeiro: Forense Universitária, 2005.

PINTO, M.; SARMENTO, M. J. As crianças e a infância: definindo conceitos, delimitando campos. *In*: PINTO (org.) *As crianças: contexto e identidades*. Braga: Universidade do Minho; Centro de Estudos da Criança, 1997. 293 p.

PRADO, P. D.; MARTINS FILHO, A. J. (org.). *Das pesquisas com crianças à complexidade da infância*. Campinas: Autores Associados, 2011.

PRESTES, Z. A sociologia da infância e a teoria histórico-cultural: algumas considerações. *Revista Educação Pública*, Cuiabá, v. 22, n. 49/1, p. 295-304, mai./ago, 2013. Disponível em: http://periodicoscientificos.ufmt.br/ojs/index.php/educacaopublica/article/view/916/717. Acesso em: 25 abr. 2017.

RINALDI, C. Reggio Emilia: a imagem da criança e o ambiente em que ela vive como principio fundamental. *In*: GANDINI, L.; EDWARDS, C. B. *A abordagem italiana à educação infantil*. Porto Alegre: Artmed, 2002. p. 75-80.

ROSEMBERG, F. Concepções e conceitos de educação infantil, creche e pré-escola. *In*: SANTOS, M. O.; RIBEIRO, M. I. S. (org.). *Educação Infantil*: Os desafios estão postos e o que estamos fazendo? Salvador: Solffset, 2014. p. 180-185.

ROSSETI-FERREIRA, M. C. *Os Fazeres da Educação Infantil*. 6. ed. São Paulo: Cortez, 2001.

SANTOS, B. S. *Um discurso sobre as ciências*. Porto: Afrontamento, 1999.

SARMENTO, M. J. As culturas da infância nas encruzilhadas da 2ª modernidade. *In*: _____; CERISARA, A. B. *Crianças e miúdo*: perspectivas sociopedagógicas da infância e educação. Braga: ASA, 2004.

_____. A sociologia da infância e a sociedade contemporânea: desafios conceituais e praxeológicos. *In*: ENS, R. T.; GARANHANI, M. C. (org.). *Sociologia da infância e a formação de professores*. Curitiba: Champagnat, 2013. p. 13-46.

SILVA, M. R. P. Infância como condição da existência humana... um outro olhar para formação docente. *Revista de Educação do Cogeime*, ano 14, n. 26, p. 107-124, jun. 2005. Disponível em: http://www.cogeime.org.br/revista/26Artigo7.pdf. Acesso em: 8 ago. 2016.

TARDIF, M. *Saberes docente e formação profissional*. 9. ed. Petrópolis: Vozes, 2008.

VIEIRA, L. F.; OLIVEIRA, T. G. As condições do trabalho docente na educação infantil no Brasil: alguns resultados de pesquisa (2002-2012). *Revista Educação em Questão*, Natal: UFRN, v. 46, p. 131-154, 2013. Disponível em: https://periodicos.ufrn.br/educacaoemquestao/article/view/5125/4103. Acesso em: 28 nov. 2016.

WEISS, E. F. G. Educação infantil: espaço de educação e cuidado. In: FLÔR, D. L.; DURLI. Z. (Orgs.). *Educação infantil e formação de professores.* Florianópolis, SC: Ed. UFSC, cap. 7, p. 129-139, 2012.

ANEXO 1 – TRECHOS DO PROJETO POLÍTICO PEDAGÓGICO DA CRECHE PESQUISADA

II. CONCEPÇÃO PEDAGÓGICA

CONCEPÇÕES E PRINCÍPIOS

Concepção de Homem

O Homem é um ser social, cultural e histórico, que pensa, age, sente, tem hipóteses sobre o mundo, constrói seu conhecimento a partir de interações estabelecidas inicialmente com a família e interações feitas gradativamente nas demais instituições sociais.

Apto a pensar, a sentir e a agir, tem a possibilidade de escolher, testar, experimentar e aprender com os resultados de suas escolhas, controladas pela responsabilidade.

O ser humano ao nascer apresenta uma grande imaturidade motora, porém é ativo e agente de seu próprio desenvolvimento, capaz de mudar a si próprio e ao meio onde vive, ou seja, de ser sujeito de sua própria história.

Concepção de Criança

A criança pequena depende do adulto como mediador de suas relações com o meio... "o *desenvolvimento se constrói na e pela interação da criança com outras pessoas de seu meio ambiente, particularmente com aquelas mais envolvidas afetiva e efetivamente em seu cuidado. Experiências anteriores servem de base para novas construções, as quais dependem da relação que o indivíduo estabelece com o ambiente numa situação determinada.*" (Zilma de Morais e outras em Creches, Faz de conta e Cia).

Com esta concepção de desenvolvimento infantil, entendemos a criança como ser que é capaz de exercer sua autonomia, que constrói a aprendizagem a partir de conexões entre experiências novas e conhecimento anterior. É capaz de reflexão crítica, pois observa, experimenta, problematiza e argumenta. Ajudada, busca diferentes respostas para um mesmo problema e passa a dominar formas cada vez mais complexas de falar, raciocinar, solucionar problemas, memorizar, prestar atenção em algo e a construir conceitos sobre diferentes objetos e situações.

Desenvolve-se porque aprende, e aprende a partir do que lhe é significativo.

Assim sendo esta concepção tornar-se-á viva em cada uma das atividades propostas à criança. A rotina é planejada e organizada de forma que possibilite que a criança, em cada faixa etária, exerça sua autonomia e seja protagonista na construção da sua própria aprendizagem. A significância desta ideia será concretizada no decorrer deste PPP, no planejamento de cada professor e no envolvimento de cada um que direta ou indiretamente atua no processo educativo da escola, portanto cada membro dentro da unidade deve ter claro este conceito para tornar-se parte importante no caminho para o desenvolvimento das crianças, ensinando e aprendendo com elas.

Concepção de Escola

A Escola

Escola é...

O lugar onde se faz amigos

Não se trata só de prédios, salas, quadras,

Programas, horários, conceitos...

Escola é, sobretudo, gente.

Gente que trabalha, que estuda

Que alegra, se conhece, se estima.

Pautando nossas ações nestes princípios esperamos obter uma educação de qualidade que garanta aprendizagens que contribuam para a formação de cidadãos autônomos e críticos, capazes de participar da sociedade em que estão inseridos com competência, dignidade e responsabilidade. Estes princípios devem ser garantidos nas ações que efetivem a participação de todos os segmentos da comunidade escolar, nas decisões do Conselho de Escola e APM, na intencionalidade quando do planejamento de reuniões e atendimento aos pais, reuniões pedagógicas, HTPC's, na rotina e no cotidiano das relações da escola.

Concepção de Creche

Ao longo das últimas décadas, temos presenciado rápidas e intensas transformações em nossa sociedade, com importantes mudanças nas funções e relações dentro da família.

Com o ingresso da mulher no mercado de trabalho, devido às transformações sociais, econômicas e culturais, começaram as reivindicações trabalhistas por um lugar onde deixar as crianças para as famílias (muitas vezes encabeçadas por um único elemento, pai/mãe solteiros ou separados) poderem trabalhar, procurando, assim, soluções alternativas e complementares ao cuidado e educação dos filhos.

No final do século XIX, a creche tinha um papel assistencialista.

Em São Bernardo do Campo, as creches começaram a existir por volta de 1960/70, com caráter assistencial, fazendo parte do setor de Promoção Social respondendo à Secretaria da Saúde, a qual visava cuidados médicos, higiene e alimentação.

Só a partir de 1990, com a passagem das creches para a Secretaria de Educação, começaram os concursos exigindo a formação de 2º grau para os profissionais. Em 1995 foram contratados professores para atuar junto às crianças de 0 a 3 anos.

Com a promulgação da LDB, em 1996, definiu-se que a educação infantil *"tem como finalidade o desenvolvimento integral das crianças de "0 a 6 anos"*.

A lei passa a reconhecer, então, que creche não é apenas uma instituição para a mãe deixar a criança enquanto trabalha, mas sim um direito da criança, uma escola que participa e compartilha com a família e comunidade a educação desta criança e o seu desenvolvimento integral.

Reconhecendo o direito da criança de zero a três anos à educação é preciso pautar as necessidades, os desejos e interesses dessa faixa etária para que a atuação dos educadores vise o desenvolvimento dos pequenos, definindo a necessidade do registro desses trabalhos para documentar o processo vivido.

Com o compromisso de documentar também o que entendemos como materiais necessários para atender os desejos e necessidades do público alvo da creche para uma educação infantil de qualidade, discussões e pesquisas se voltaram para definir os itens que compõem esse material.

Das discussões e pesquisas feitas, surgiu a seguinte relação:

- Espaço físico externo: com gramado, árvores e acessibilidade. Que possibilite atividades para desenvolvimento físico e social: correr, brincar, rolar, andar, pular, pedalar, subir em árvores.
- Salas para as turmas: amplas, ventiladas com janelas na altura das crianças e espaço suficiente para o repouso, conforme o documento Parâmetros de Infraestrutura para Instituições de Educação Infantil. (Encarte 1. Brasília: MEC, SEB, 2008)
- Materiais paras as turmas que ficam nas salas: colchões (densidade 23/26); lençóis; edredons; travesseiros; ventiladores; rádio USB / CD; acervo de CDs; tapetes isolantes da temperatura do chão e de fácil higienização; uma mesa com oito lugares e cadeiras para cada sala de Infantil II. Brinquedos adequados às faixas etárias em acesso fácil das crianças.
- Refeitório: equipado adequadamente com mobiliário para a faixa etária atendida.
- Cozinha: equipada para preparo de alimentos para bebês e crianças pequenas. Materiais e eletrodomésticos: geladeira, freezer, fogão industrial, pias, despensa, processador de ali-

Entre tantos objetivos, no DIA COM A FAMILIA na escola a aproximação escola/família é prioritária, numa situação de lazer e de forma descontraida une pessoas com mesma intencionalidade: a educação das crianças.

As famílias são chamadas a compor CONSELHO DE ESCOLA e APM participando das decisões que são de competência destes órgãos colegiados. A escola entende que os membros destes órgãos devem participar das reuniões pedagógicas aproximando-se assim das decisões que competem a estes momentos.

Com essa concepção, buscamos a efetivação da parceria escola / comunidade, o desenvolvimento de projetos que considerem e valorizem os saberes das famílias e a ampliação da participação destas nas atividades da escola.

Concepção de Educador

O educador é responsável pela tarefa de conduzir o processo educativo, organizar as práticas pedagógicas que devem apontar na direção da ampliação da experiência e dos conhecimentos das crianças em todas as dimensões: cognitivas, lúdicas, afetivas, expressivas e corporais, atento aos cuidados, à proteção, aos gostos, ludicidade e aprendizagens, valorizando todas as linguagens humanas. São necessidades de todas as crianças: físicas (cuidados, movimento, higiene); emocionais (afetos, emoções, carinho, colo, compreensão, aconchego); cognitivas (aprendizagem de conceitos, conhecimento do mundo físico, acesso aos bens culturais); sociais (convívio coletivo, tolerância e respeito ao outro; valorizar o diálogo com argumentos aberto ao confronto e não ao conflito).

O educador que busca seu aperfeiçoamento e enriquecimento de seus conhecimentos amplia a possibilidade de diversidade na produção e reprodução da cultura. Deve ser investigativo, instigador, não acomodado em situações pré - estabelecidas, deve ser criativo, documentando sua atuação com registros de suas reflexões, avaliando, repensando e remodelando sua prática. Conforme assegura Paulo Freire: "É preciso ouvir as falas, os não ditos, os gestos e silêncios".

Concepção de Educador de Creche

Deve ser aquele que transmite segurança para a criança, que seja autêntico, sincero, que respeite o outro, o parceiro mais experiente com quem ela pode contar que estimule a independência e as escolhas dos pequenos visando o desenvolvimento da autonomia de acordo com sua faixa etária.

É preciso que esse educador conheça cada vez mais o desenvolvimento infantil para que compreenda o que acontece com as crianças em cada fase desse desenvolvimento, tendo condições assim de propiciar experiências no processo educativo, respeitando as dimensões cognitivas, lúdicas, afetivas, expressivas, corporais e sociais.

Uma característica indispensável ao educador de creche é ser "Acolhedor", pois além de receber, acolher e interagir com as crianças essas ações devem ser estendidas aos seus familiares uma vez que a faixa etária atendida demanda de atenção, proteção e cuidados específicos. A parceria dos educadores com as famílias promove a adaptação e avanços nas aprendizagens das crianças.

Obs: os conceitos acima relacionados são produtos de reflexões provocadas em reuniões pedagógicas e HTPCs com bases teóricas, conforme indicações RCN , assessorias sobre Educação Infantil e a partir de 2011 com formações de Suely do Amaral sobre o desenvolvimento infantil de zero a três anos; Conceitos norteadores da teoria histórico cultural; e também de Monica Pinazza com trabalhos sobre o Projeto Pedagógico de Conceitos Estruturantes para a Formação Contínua na Perspectiva do Desenvolvimento e o trabalho com Áreas de Experiências.

Fonte: Material pedagógico da creche (2016, p. 7-12)

ANEXO 2 – PLANEJAMENTO SEMANAL DA TURMA OBSERVADA

Planejamento semanal

HORÁRIOS	SEGUNDA	TERÇA	QUARTA	QUINTA	SEXTA
07:30 às 08:00	ACONCHEGO	ACONCHEGO	ACONCHEGO	ACONCHEGO	ACONCHEGO
08:00 às 08:20	CAFÉ	CAFÉ	CAFÉ	CAFÉ	CAFÉ
08:2 0 às 09:20	BRINQUEDOTECA	PARQUE	ATELIÊ /TQ AREIA	PARQUE/BRINQT	BIBLIOTECA
09:20 às 09:30	HIDRATAÇÃO	HIDRATAÇÃO	HIDRATAÇÃO	HIDRATAÇÃO	HIDRATAÇÃO
09:30 às 10:00	BIBLIOTECA	MOTO	PARQUE		
10:00 às 10:20			PARQUE		
10:20 às 10:50	Higienização ALMOÇO	Higienização ALMOÇO	Higienização ALMOÇO	Higienização ALMOÇO	Higienização ALMOÇO
10:50 às 11:15	ESCOVAÇÃO	ESCOVAÇÃO	ESCOVAÇÃO	ESCOVAÇÃO	ESCOVAÇÃO
11:15 às 14:00	DESCANSO	DESCANSO	DESCANSO	DESCANSO	DESCANSO
14:00 às 14:20	LANCHE	LANCHE	LANCHE	LANCHE	LANCHE
14:30 às 15:30	ATELIÊ/PARQUE	BIBLIOTECA/PQ	BRINQUEDOTECA	MOTO/PARQUE	MOTO
15:30 às 15:50	JANTAR	JANTAR	JANTAR	JANTAR	JANTAR
15:50 às 16:30	TROCAS	TROCAS	TROCAS	TROCAS	TROCAS
16:30 às 17:30	BIBLIOTECA	SALA	SALA	TANQ d AREIA	BRINQUEDOTECA
SAÍDA					

OBS: As trocas são realizadas no período das 9:30h às 10:15h e também de acordo com a necessidade individual das crianças nos 2 períodos

Fonte: Material pedagógico da creche (2016)

Conteúdo bônus

PARA ALÉM DO ESPELHO! UMA BREVE REFLEXÃO SOBRE AS (BOAS) PRÁTICAS

As reflexões que reverberaram em minhas pesquisas, estudos e práticas após a escrita deste material, me fizeram enxergar no espelho, metaforicamente falando, um outro lado da minha história, da minha identidade. Esta história, que hoje compreendo como atravessamentos vivenciados enquanto mulher negra, começou a fazer sentido ao me deparar com os estudos voltados para questão étnico-racial na primeira infância. Não poderia concluir este livro sem deixar de compartilhar esta pequena, porém instigante reflexão sobre esta temática, que compõe minha história de vida e tem me acompanhado nos últimos tempos como compromisso formativo/educativo antirracista.

Ao concluir a pesquisa de mestrado que resultou neste livro, fui convidada para ministrar um módulo sobre *Identidades na diversidade: relações étnico-raciais e de gênero na Educação Infantil* em um curso de Pós-Graduação Lato Sensu, me aproximei também de grupos de pesquisa e participei de cursos de formação continuada voltados para esta temática. O contato mais profundo com este campo de estudo, nesta experiência, me fez abrir os olhos para o início de um processo de (des)construção interna e sobre as diferentes violências racistas que vivenciam crianças negras no contexto escolar. Fui me apropriando do que de fato significa assumir o compromisso de uma educação antirracista que valoriza em suas relações e práticas a identidade e a cultura afro-brasileira.

Neste percurso me deparei com pesquisas que afirmam a existência de práticas que não respeitam as diferenças e a diversidade nas relações com crianças pequenas na perspectiva da educação étnico-

-racial. Estudos como de Oliveira e Abramowicz (2010), Cavalleiro (2003), Martins (2017) entre outras pesquisadoras e pesquisadores apresentam e denunciam relações racistas com crianças pequenas em espaços de educação infantil, especialmente ao desconsiderar o prisma da criança e da infância nas relações educativas. Entretanto, estas pesquisas, também, destacam a importância de olhar para infância a partir de suas vozes na perspectiva da construção da identidade e da valorização das culturas, raças, etnias que compõem o cenário infantil, uma prática que colabore para a constituição das diferenças e do respeito a diversidade.

A experiência de formação da sociedade brasileira carrega em si um histórico de projeção a partir da "raça/cultura" branca, como nos lembra Silva (2007). De acordo com os estudos da autora, "a nação brasileira se projetou branca" (p. 491). Este processo de rea-firmação de uma cultura sobre a outra, de uma "raça" sobre a outra potencializou o processo de branquitude no país. Esta dimensão histórica incidiu e perpassa até os dias atuais o processo formativo dos espaços de educação no Brasil. Ao considerar, por exemplo, a Lei 10.639/2003 que determina a "obrigatoriedade do ensino de história e cultura Afro-Brasileira e Africana" nas escolas brasileiras, Silva (2007) destaca que a educação-étnico racial surge na intenção de vislumbrar um outro processo formativo que desconstrói o olhar somente a partir de um grupo étnico, a partir de uma cultura.

De acordo com esta percepção, a educação étnico-racial tem como objetivo a formação de pessoas, que estão dedicadas em "(...) promover condições de igualdade no exercício dos direitos sociais, políticos, econômicos, dos direitos de ser, viver, pensar, próprios aos diferentes pertencimentos étnicos e sociais" (SILVA, 2007, p. 490). Assim, a educação das relações étnico-raciais tem como uma das referências as "ações de combate ao racismo e a discriminação".

A partir destas e outras desafiadoras reflexões que atravessa-ram minha experiência formativa, após o mestrado, inclusive uma percepção "política" para os desafios de promover uma educação étnico-racial na primeira infância, a perspectiva das (boas) práticas na creche começou a se voltar para perceber os (des) caminhos que atravessam as práticas docentes na creche. Esta percepção sobre o racismo na infância se entrelaça com a história da nossa sociedade, como mencionado nos parágrafos acima. Silva (2007), afirma que a sociedade brasileira, composta por diferentes grupos étnicos-raciais, tem construído sua identidade a partir de um espaço social em que não há lugar para negros, indígenas e mestiços. Entretanto, permitir as crianças negras vivenciarem um lugar para além da subalternidade e da exclusão social se torna necessário e ao mesmo tempo desafiador. Investigar, pesquisar e estudar este tema significa também, assumir um compromisso político com minha história e com a história de tantas pessoas.

Neste sentido, esta breve reflexão ao final deste livro, teve como finalidade apresentar para você leitora(or) a importância de olhar para as (boas) práticas na creche refletindo, também, que a educação étnico-racial na primeira infância atravessa essas práticas. Se constitui urgente repensar essa atuação docente para além do que está posto e trazer um novo olhar nestas práticas que contemple de fato a valorização da identidade e cultura afro-brasileira na forma como atuamos e nos relacionamos com as crianças pequenas.

Que esta pequena reflexão final te inspire a novos olhares e práticas na valorização da identidade e da diversidade da criança pequena!

Beatriz Nascimento, a autora!

Referências

ABRAMOWICZ, A; OLIVEIRA, F. de; RODRIGUES, T. C. A criança negra, uma criança negra. *In*: ABRAMOWICZ, A; GOMES, N. L. (org.). **Educação e raça**: perspectivas políticas, pedagógicas e estéticas. Belo Horizonte: Autêntica, 2010.

CAVALLEIRO, Eliane. **Do silêncio do Lar ao silêncio escolar**: Racismo, preconceito e discriminação na educação infantil. São Paulo: Contexto, 2003.

MARTINS, Telma Cezar da Silva. **O branqueamento no cotidiano escolar**: práticas pedagógicas no espaço da creche. Orientador: Jason Ferreira Mafra 2017. 290f. Tese (Doutorado em Educação) – Universidade Nove de Julho, São Paulo, 2017.

SILVA, Petronilha Beatriz Gonçalves e. Aprender, ensinar e relações étnico-raciais no Brasil. **Revista Educação**, Porto Alegre, ano XXX, v. 3, n. 63, p. 489-506, set./dez. 2007.